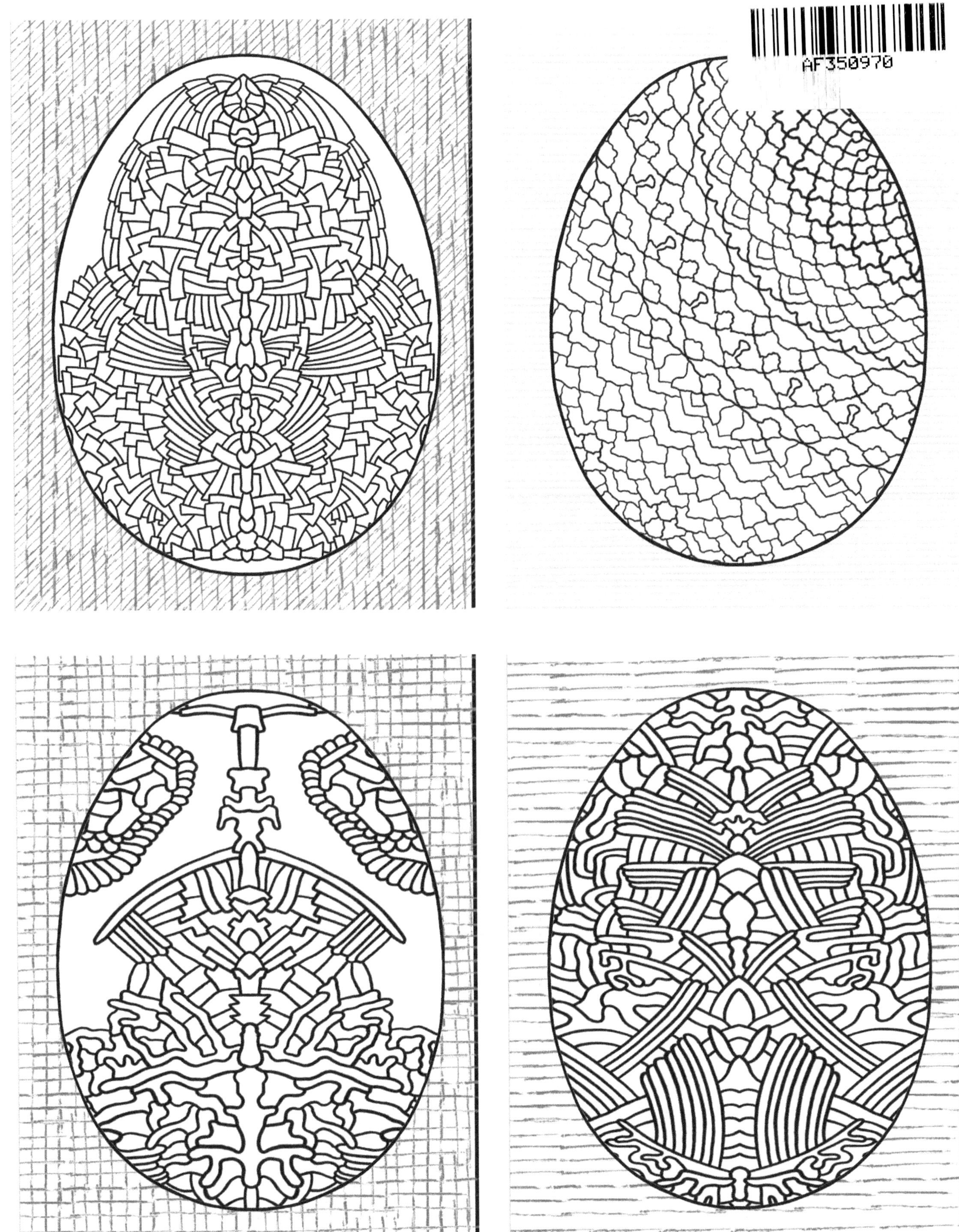

MAGNETIC WORD

color test - prueba de color
test colore - teste de cor
test de couleur - test koloru
Farbtest – kleurproef
цветовой тест
カラーテスト – 試色法

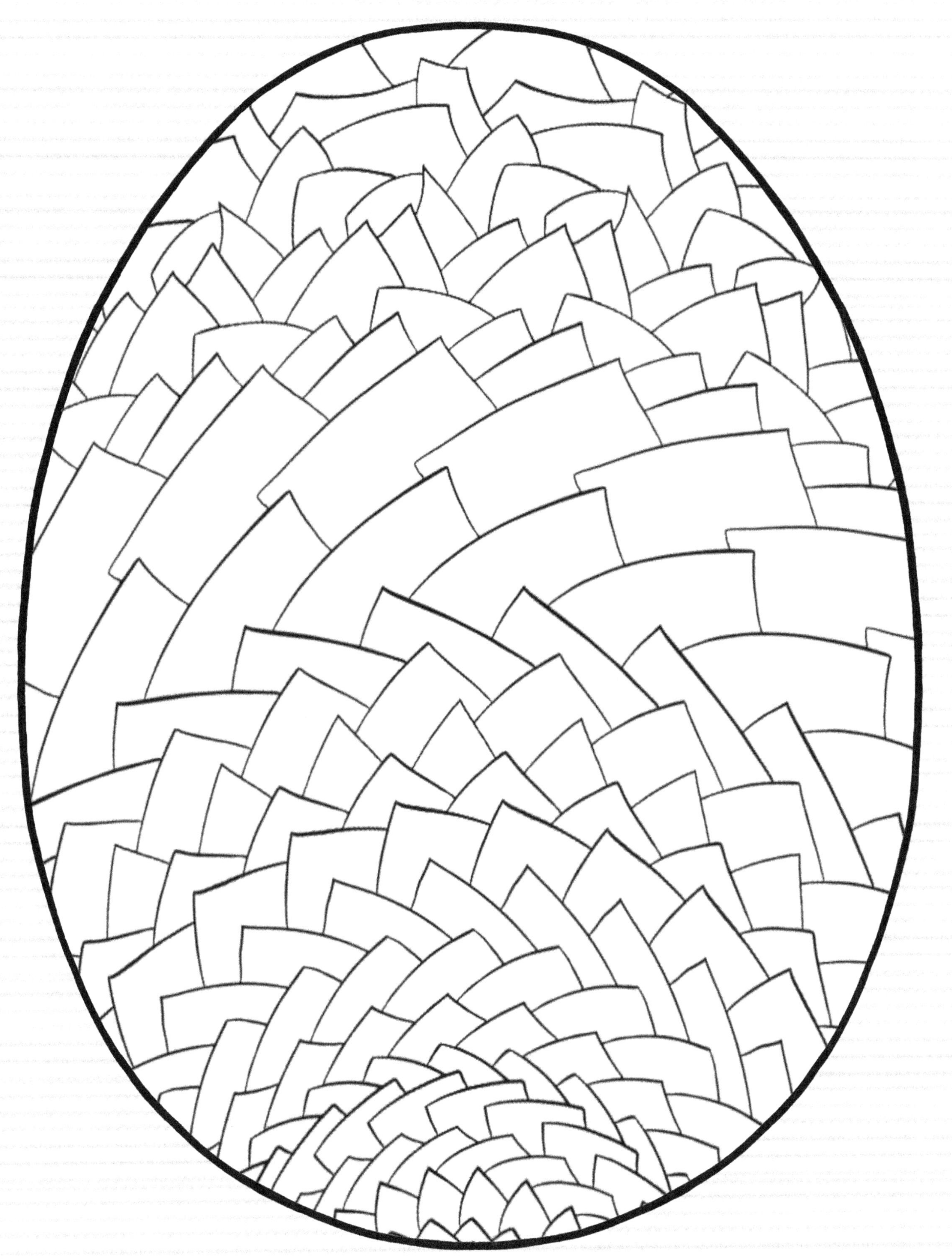

color test - prueba de color
test colore - teste de cor
test de couleur - test koloru
Farbtest – kleurproef
цветовой тест
カラーテスト – 試色法

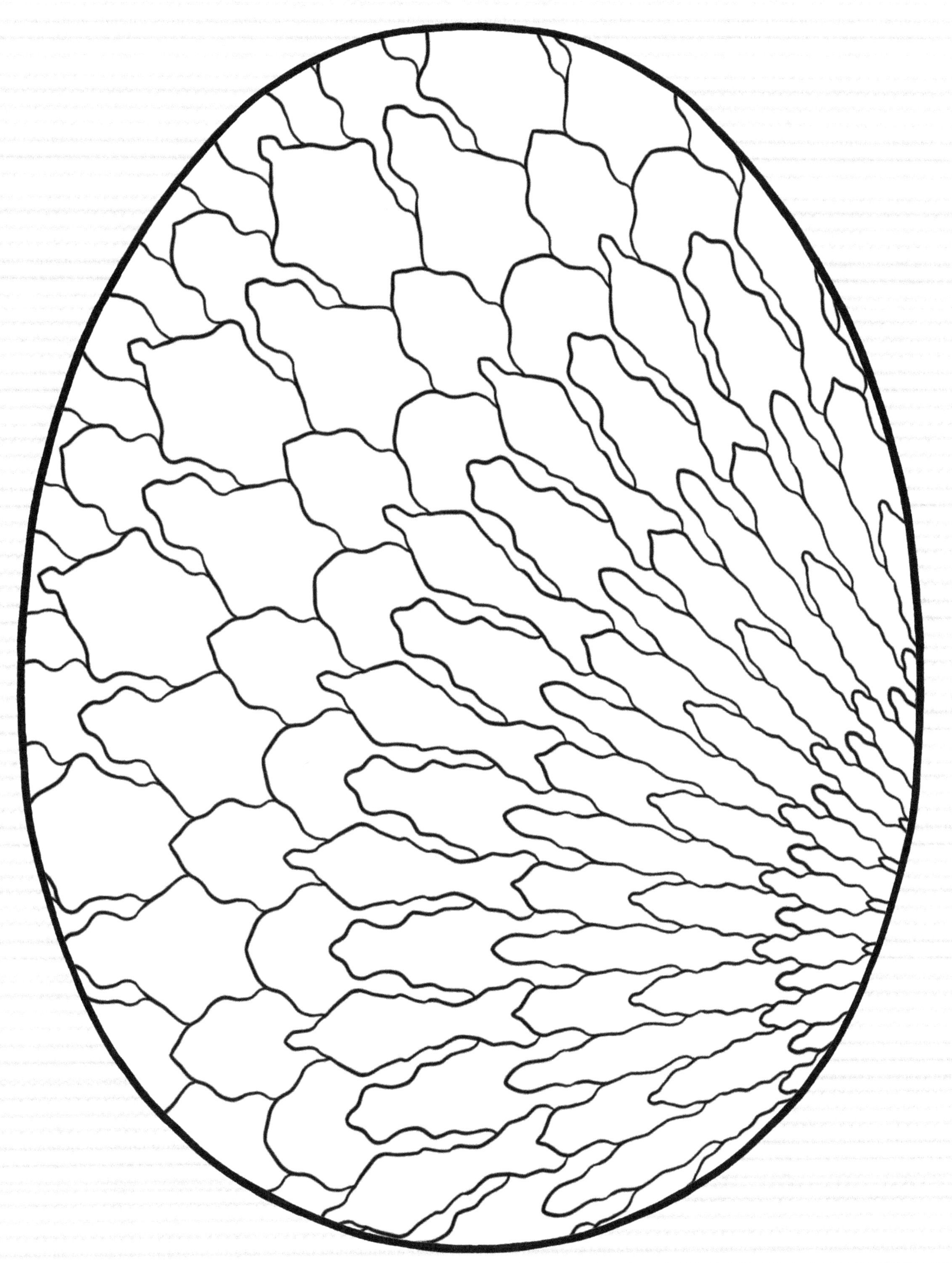

color test - prueba de color
test colore - teste de cor
test de couleur - test koloru
Farbtest – kleurproef
цветовой тест
カラーテスト – 试色法

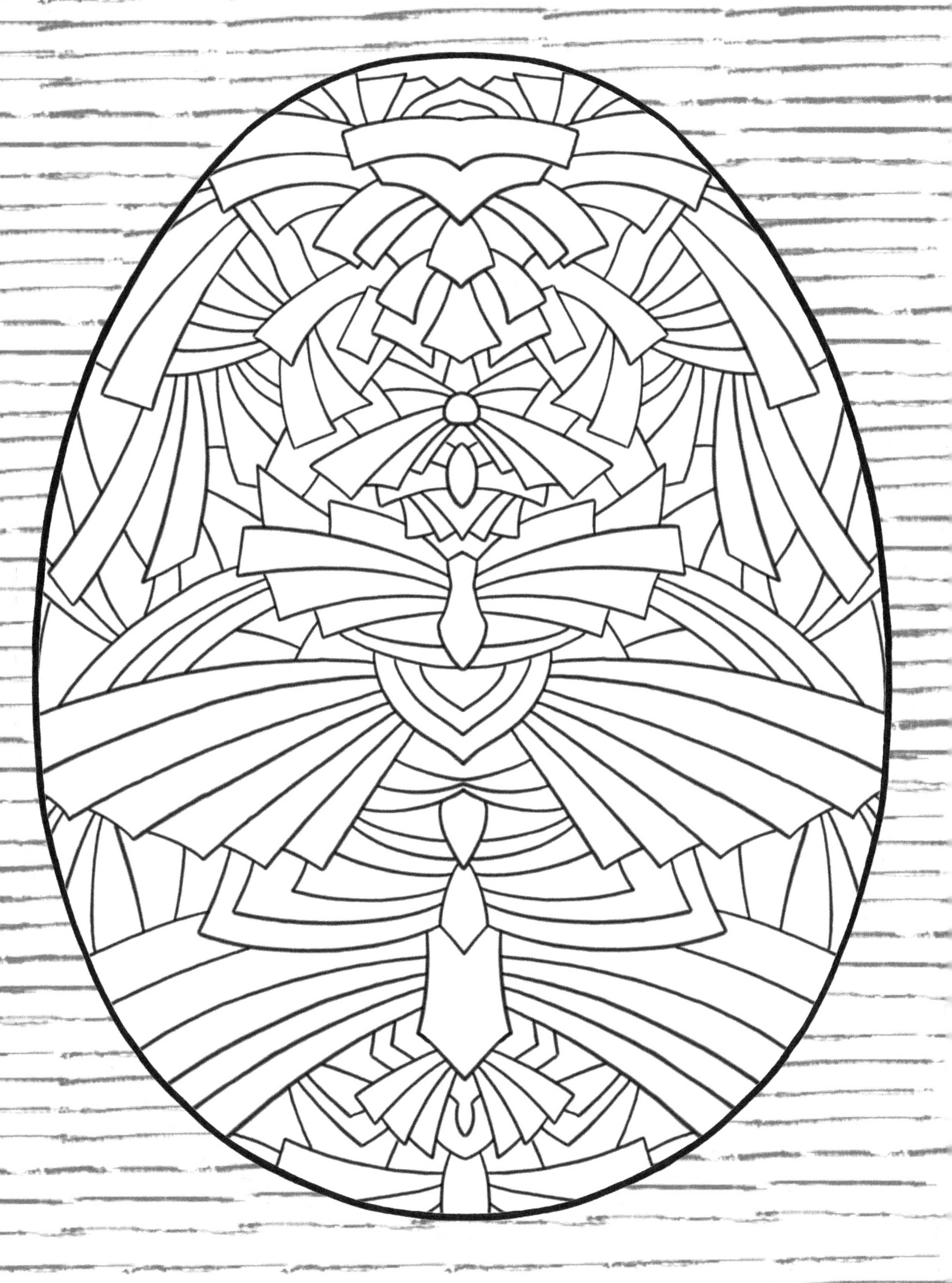

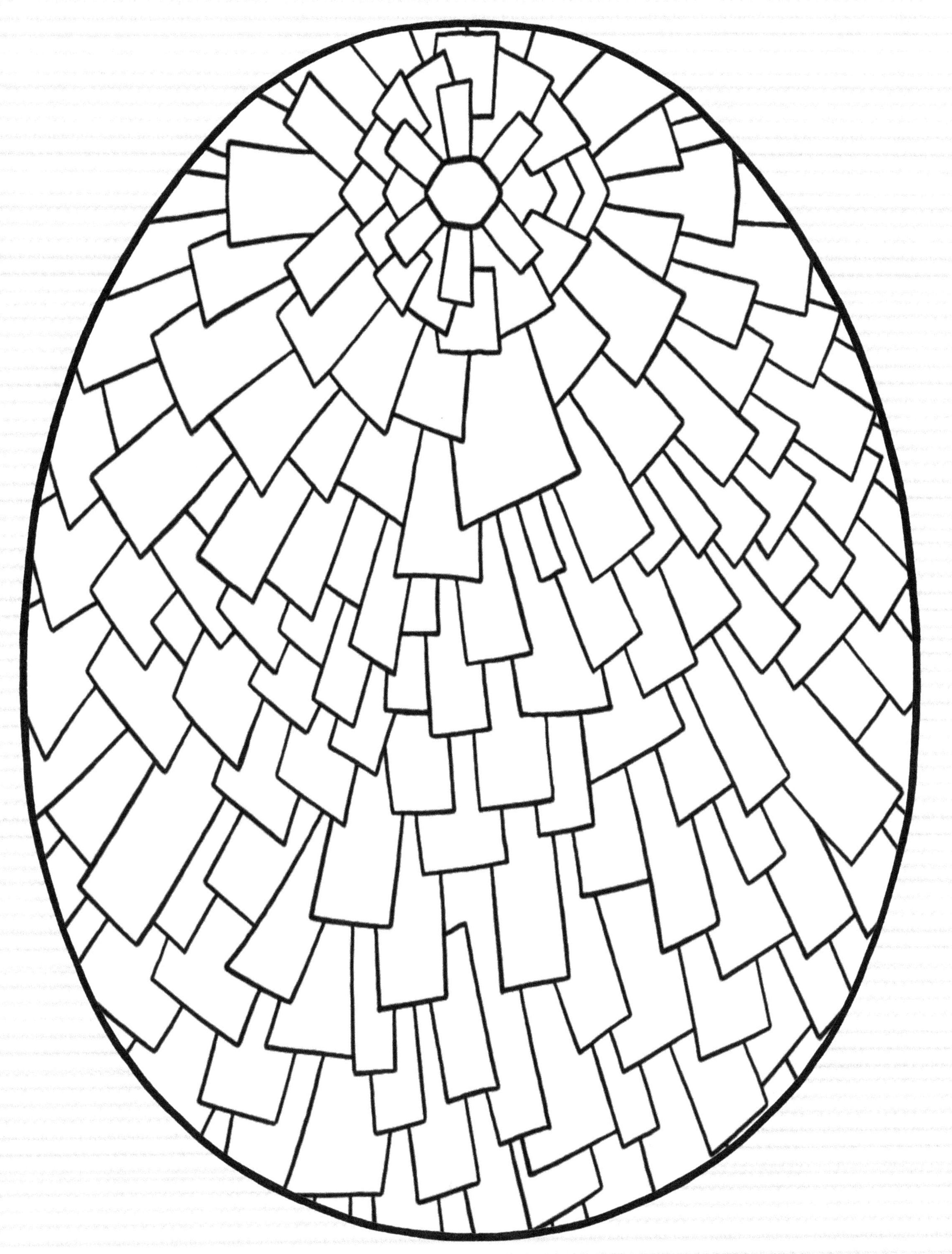

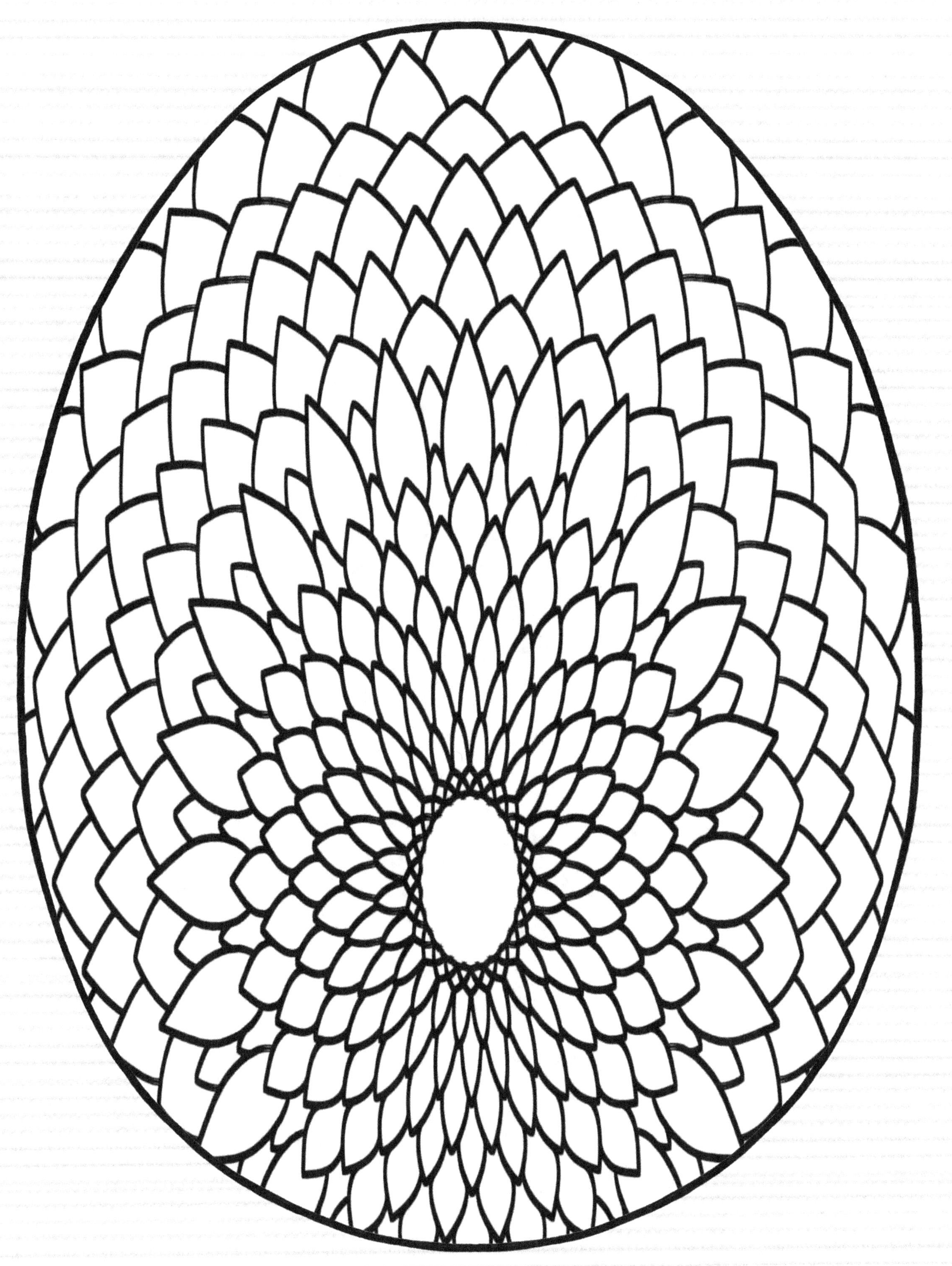

color test - prueba de color
test colore - teste de cor
test de couleur - test koloru
Farbtest – kleurproef
цветовой тест
カラーテスト – 試色法

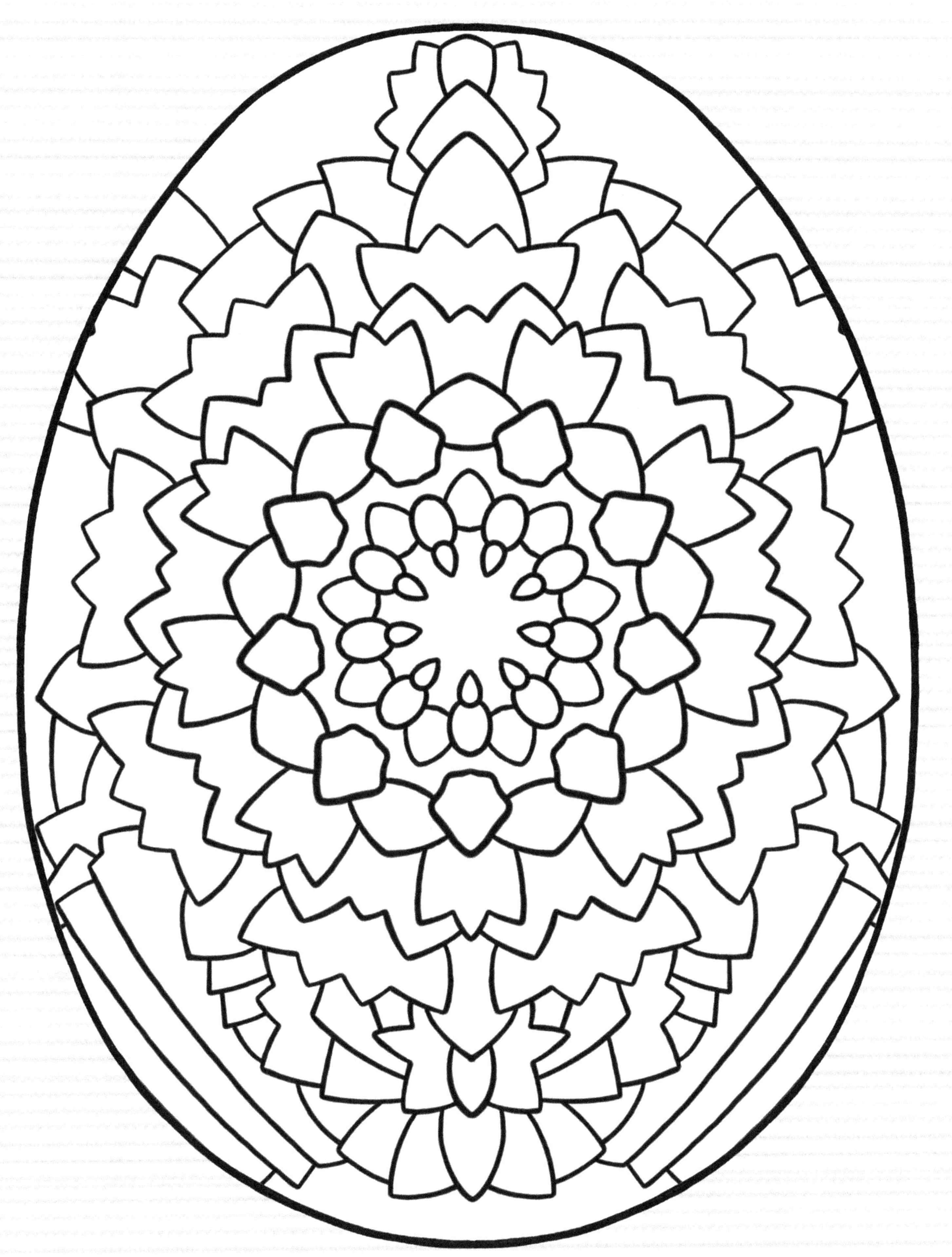

color test - prueba de color
test colore - teste de cor
test de couleur - test koloru
Farbtest – kleurproef
цветовой тест
カラーテスト – 試色法

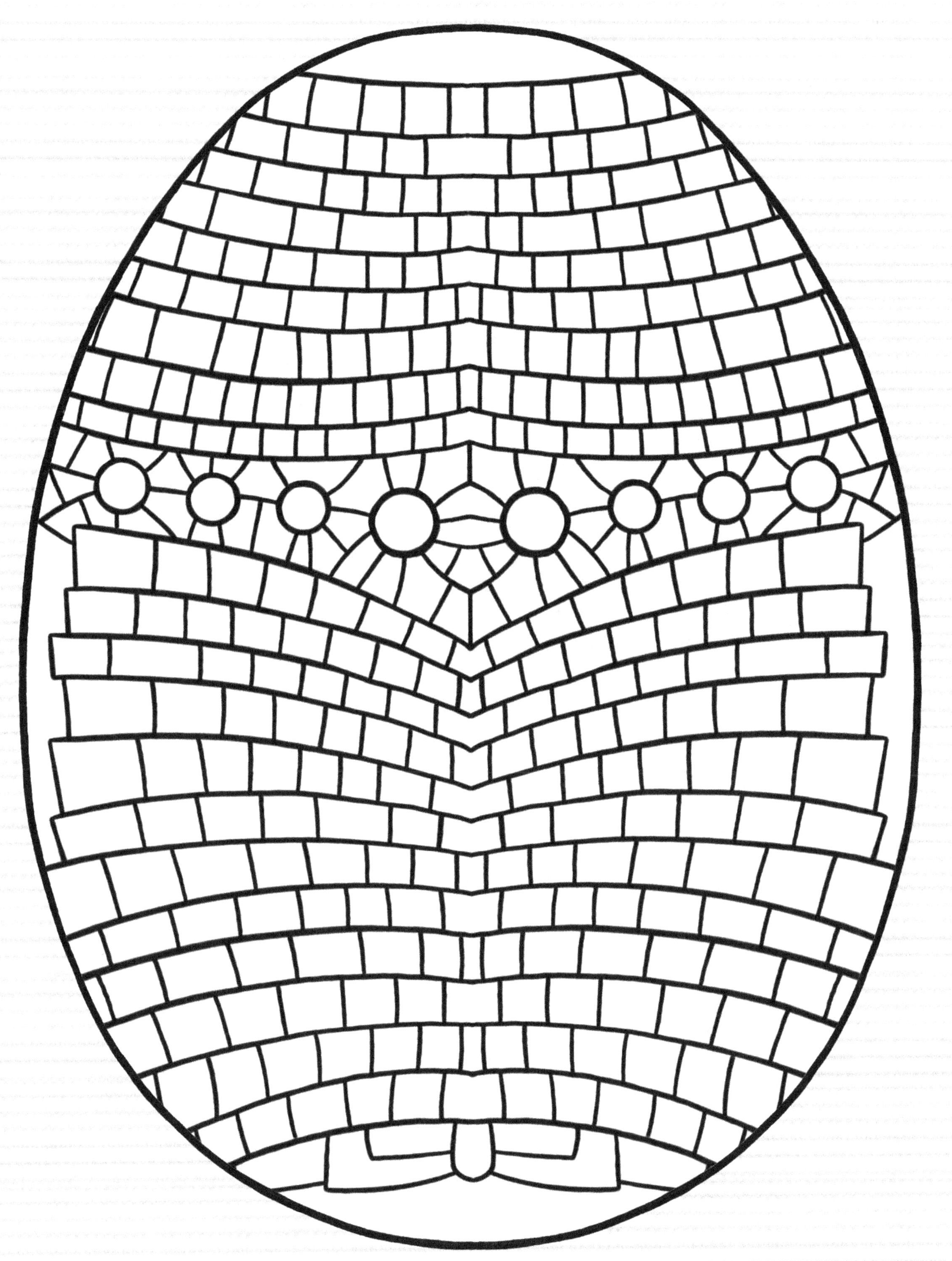

color test - prueba de color
test colore - teste de cor
test de couleur - test koloru
Farbtest – kleurproef
цветовой тест
カラーテスト – 試色法

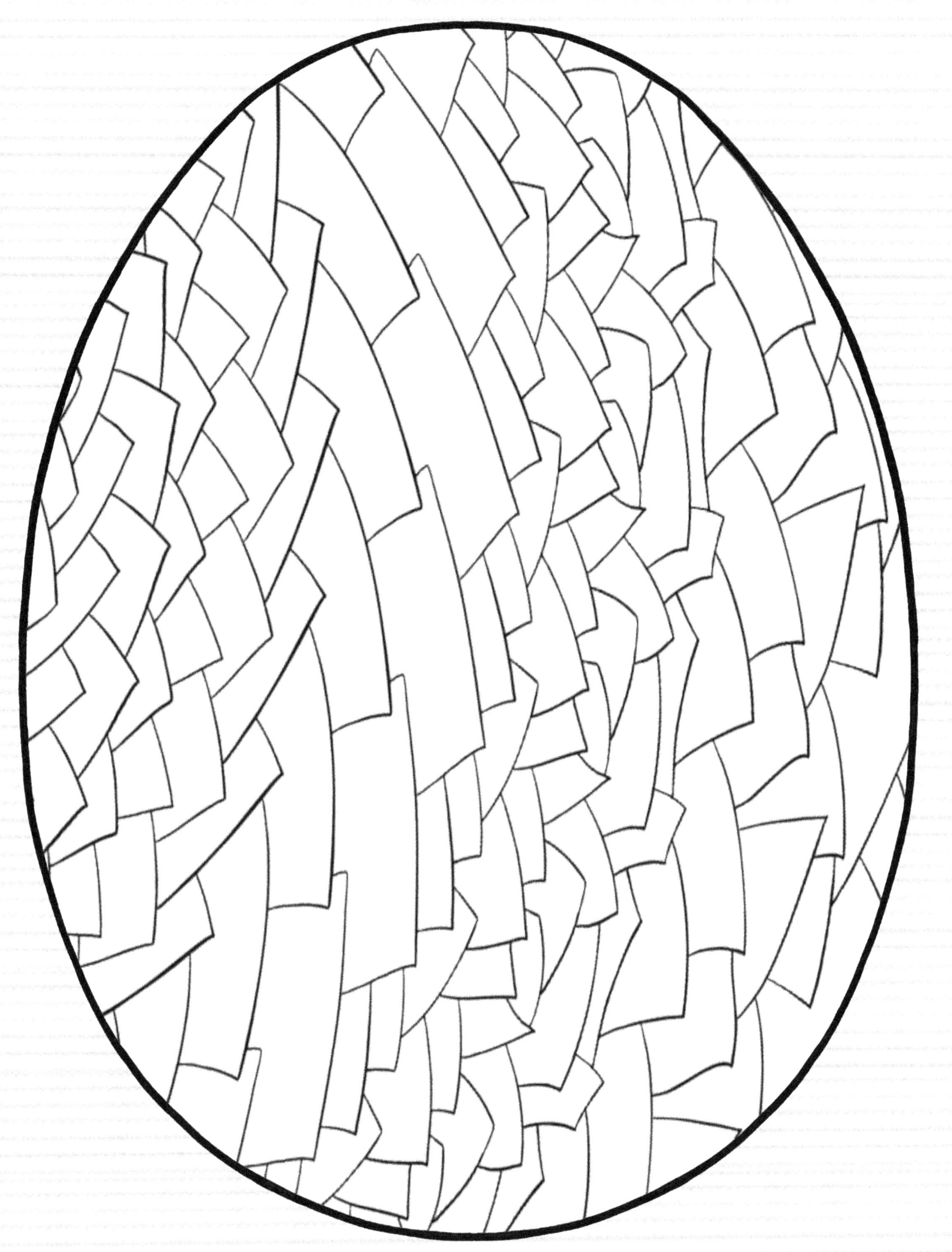

color test - prueba de color
test colore - teste de cor
test de couleur - test koloru
Farbtest – kleurproef
цветовой тест
カラーテスト – 试色法

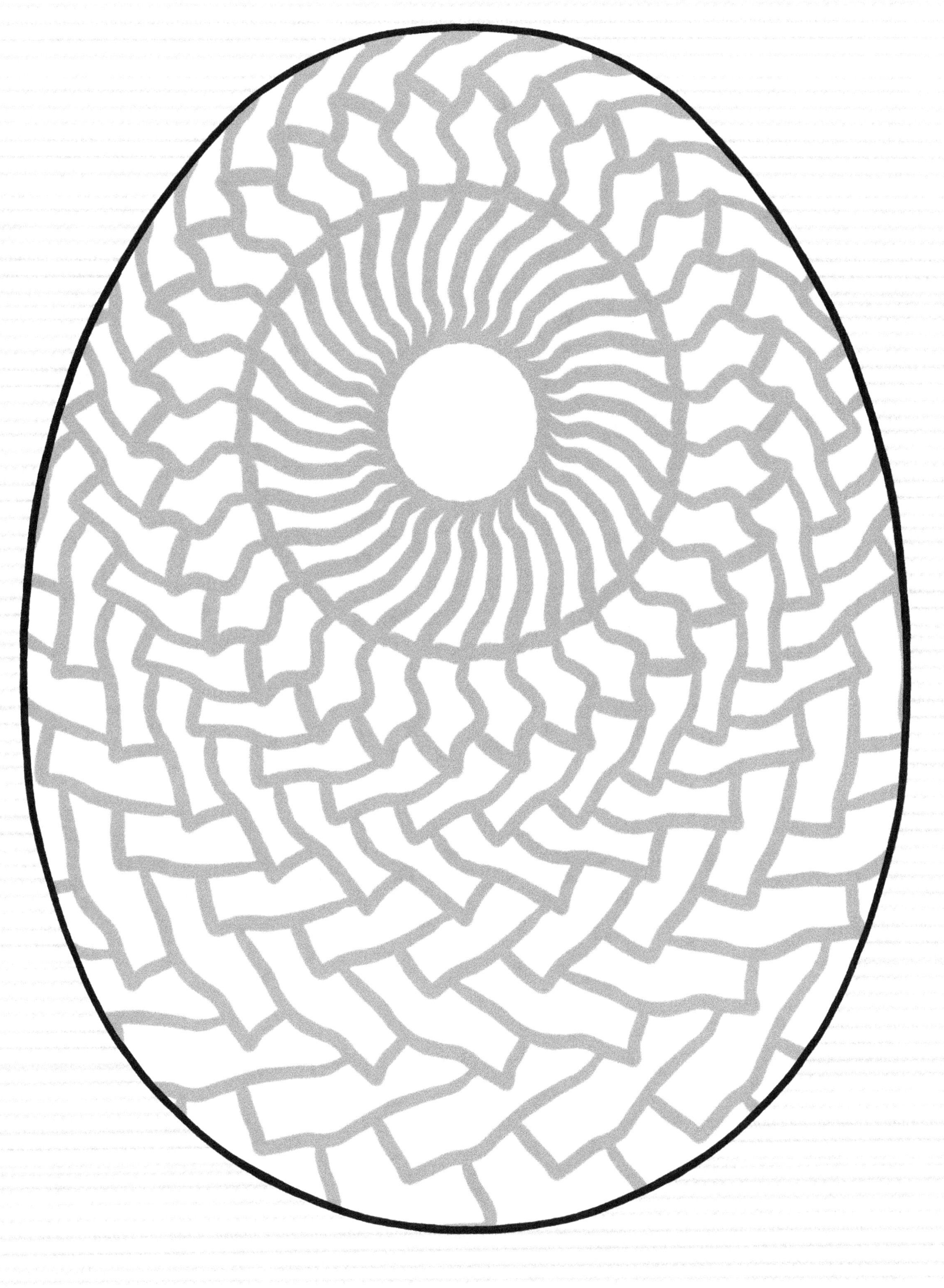

color test - prueba de color
test colore - teste de cor
test de couleur - test koloru
Farbtest – kleurproef
цветовой тест
カラーテスト – 試色法

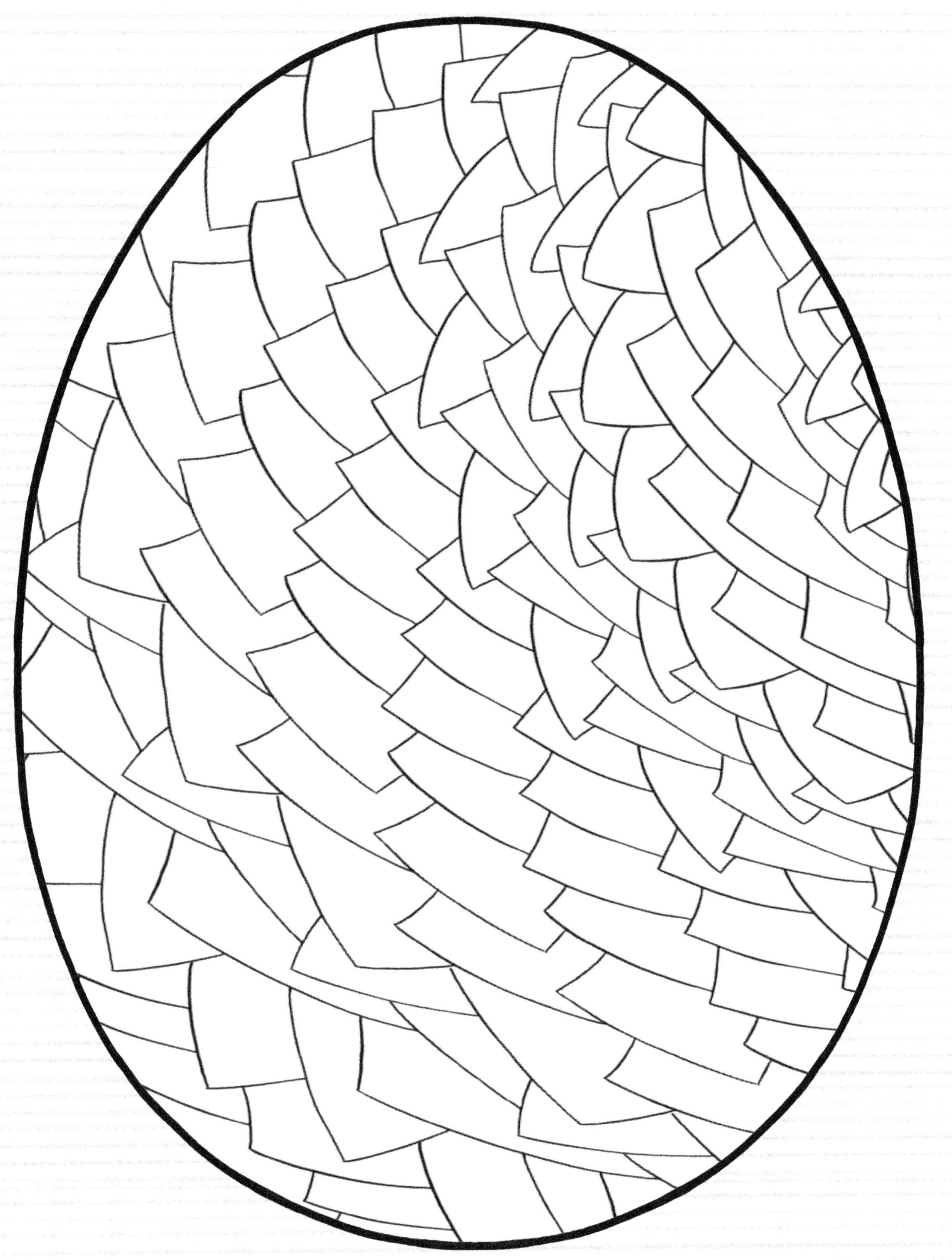

color test - prueba de color
test colore - teste de cor
test de couleur - test koloru
Farbtest – kleurproef
цветовой тест
カラーテスト – 試色法

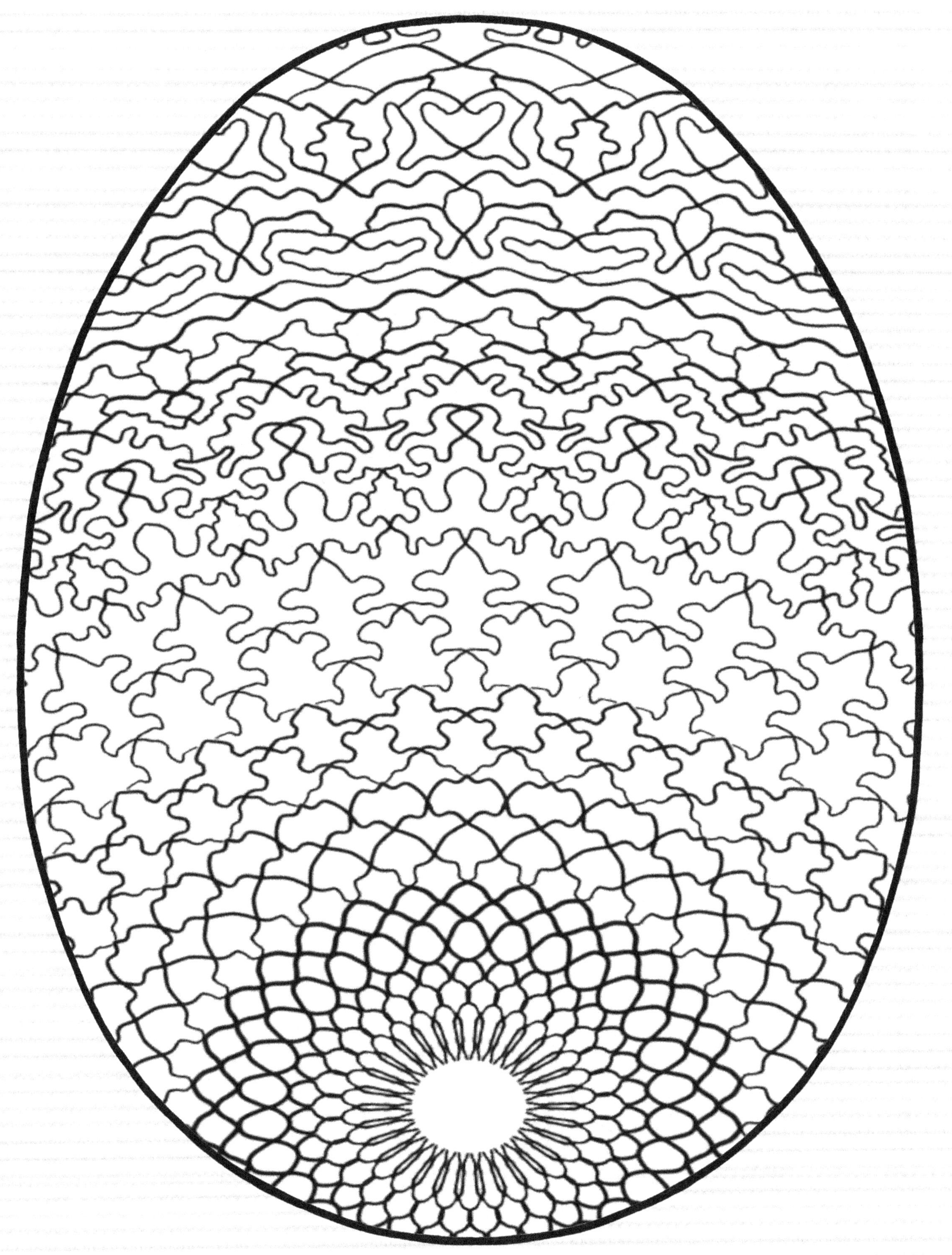

color test - prueba de color
test colore - teste de cor
test de couleur - test koloru
Farbtest – kleurproef
цветовой тест
カラーテスト – 試色法

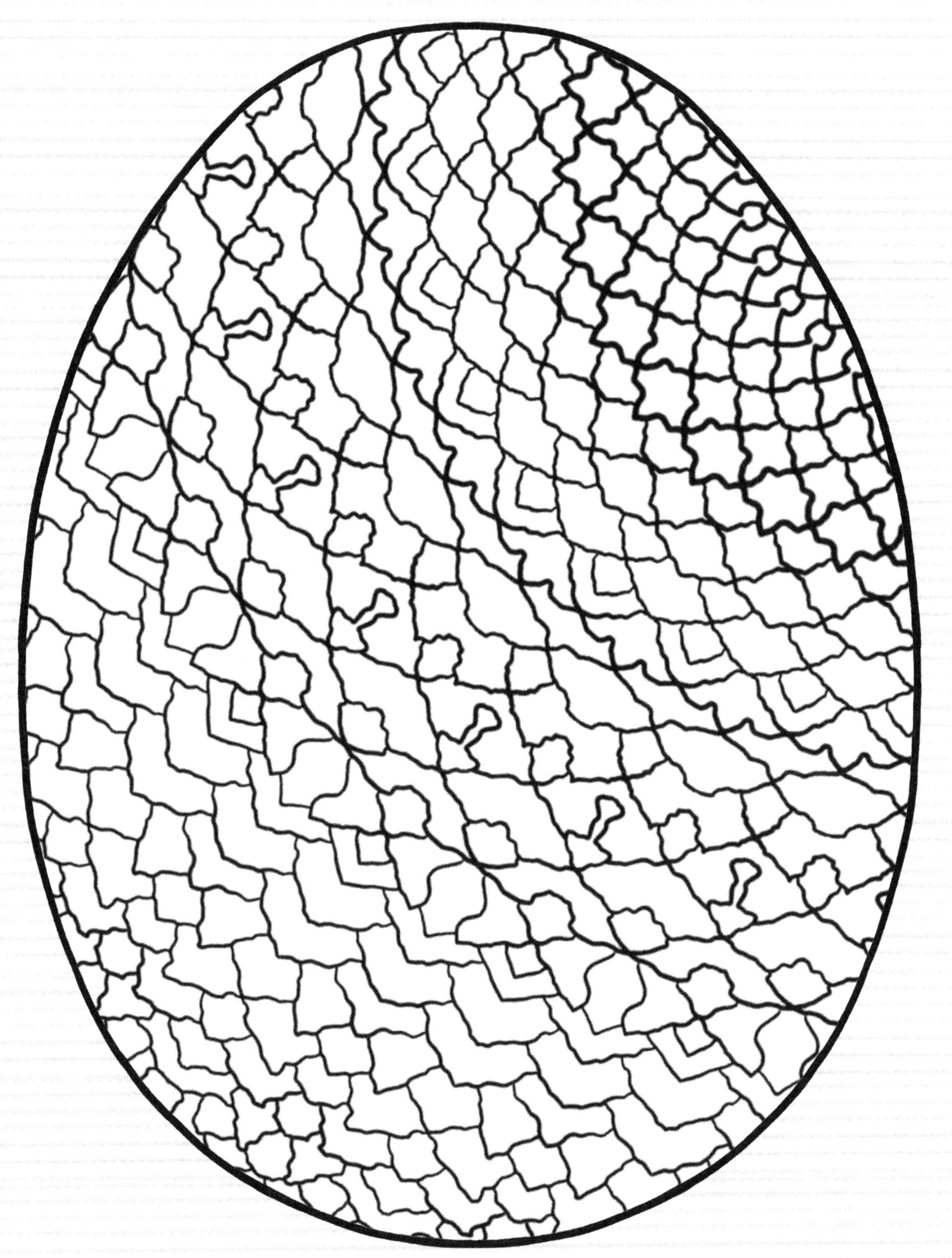

color test - prueba de color
test colore - teste de cor
test de couleur - test koloru
Farbtest – kleurproef
цветовой тест
カラーテスト – 試色法

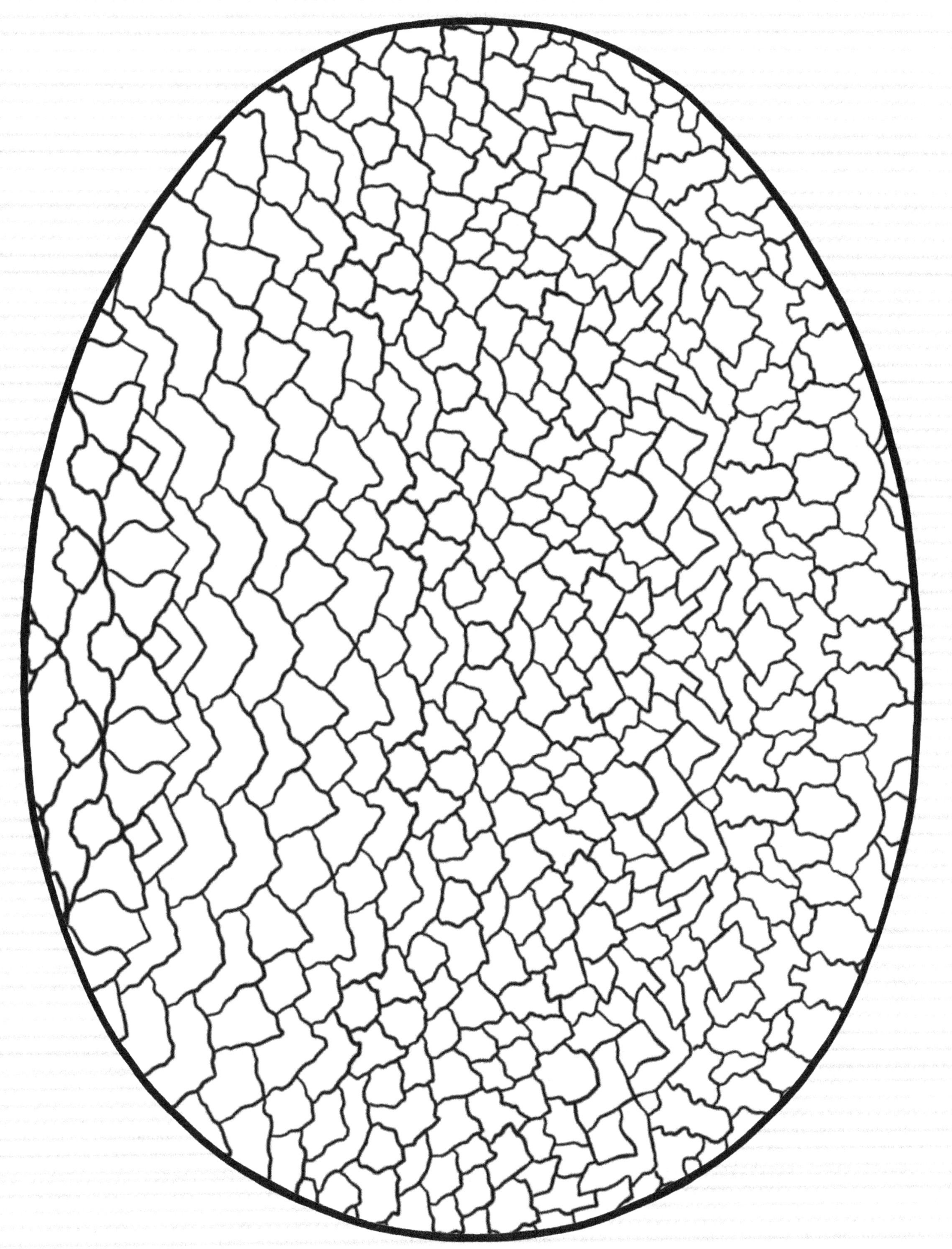

color test - prueba de color
test colore - teste de cor
test de couleur - test koloru
Farbtest – kleurproef
цветовой тест
カラーテスト – 試色法

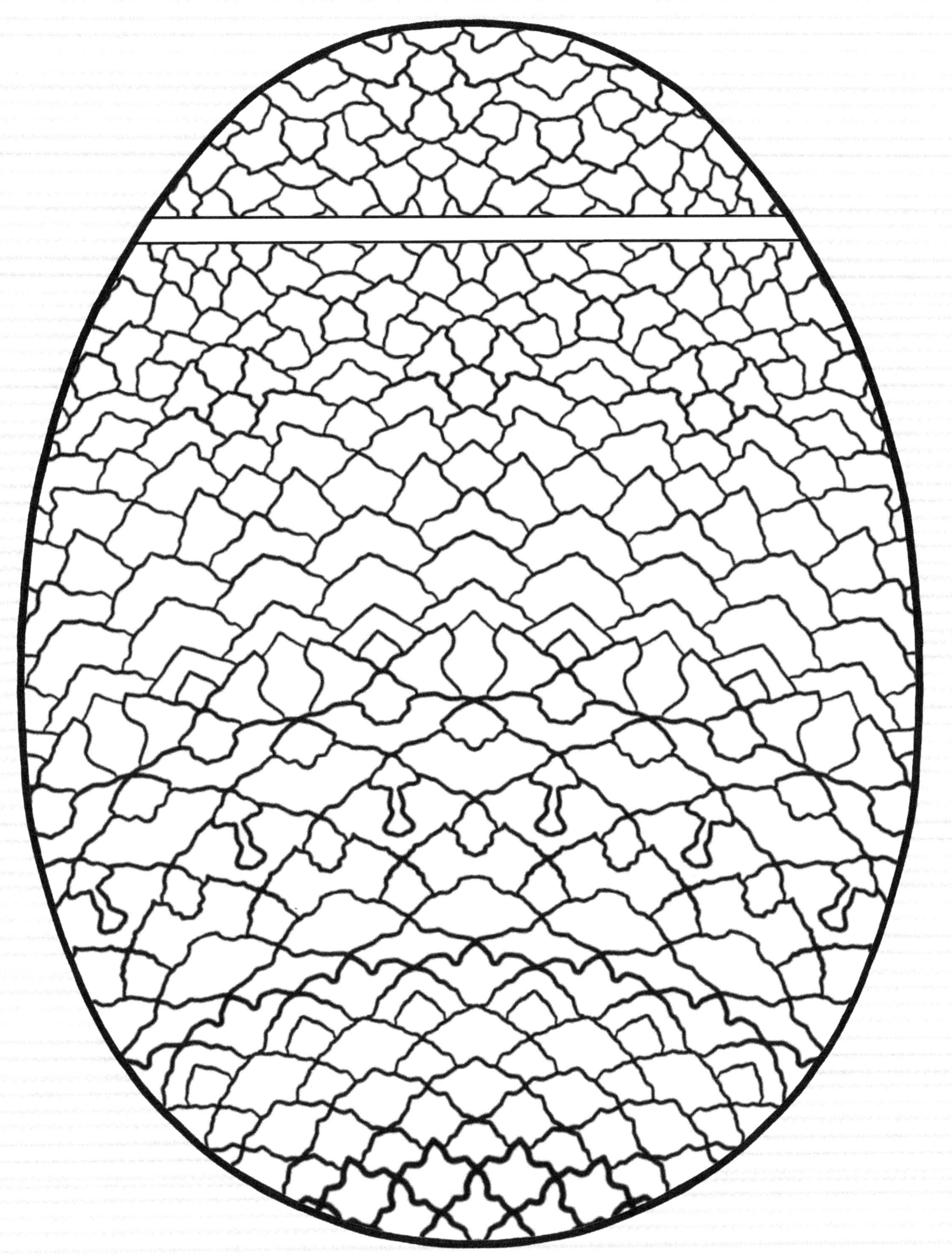

color test - prueba de color
test colore - teste de cor
test de couleur - test koloru
Farbtest – kleurproef
цветовой тест
カラーテスト－試色法

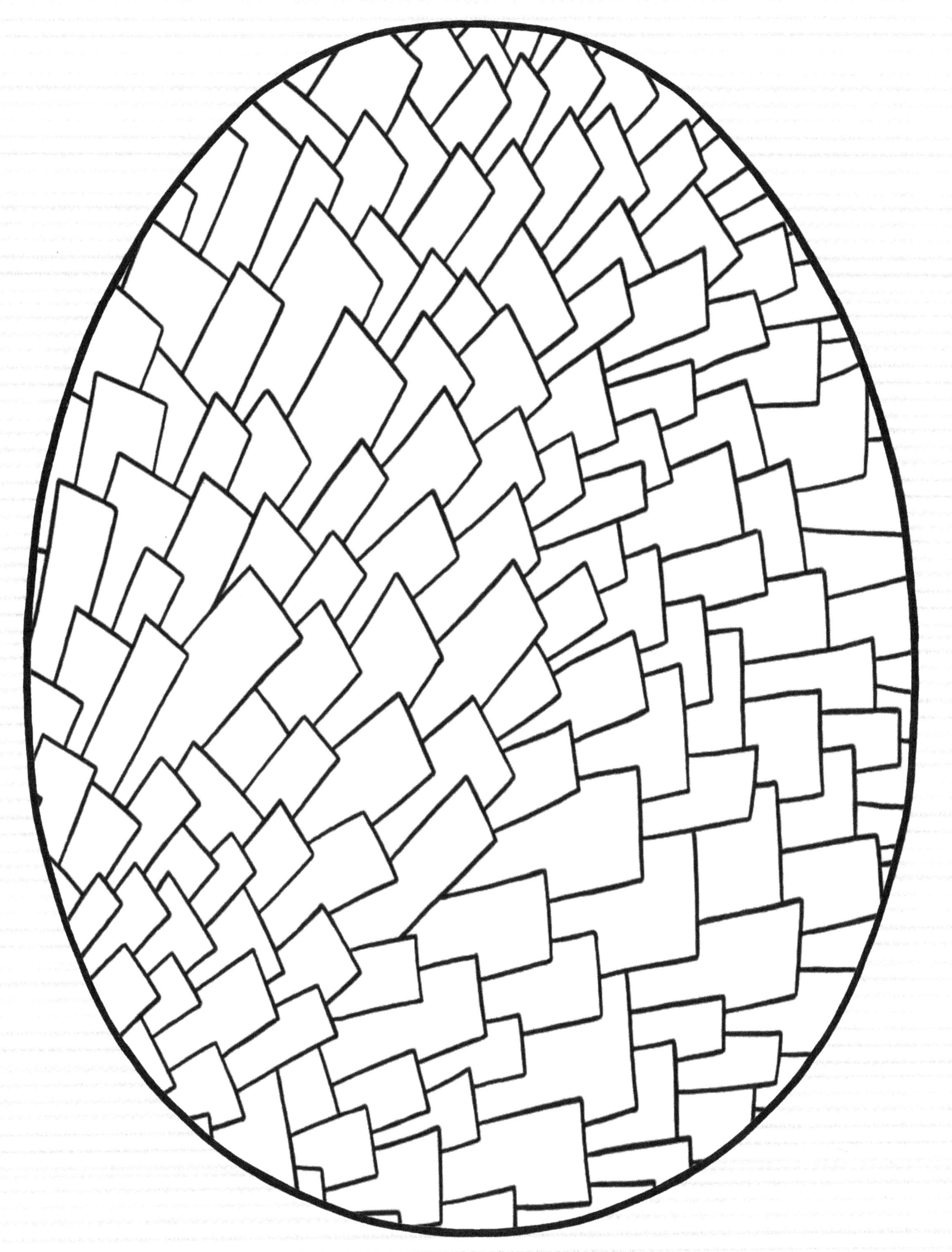

color test - prueba de color
test colore - teste de cor
test de couleur - test koloru
Farbtest – kleurproef
цветовой тест
カラーテスト – 試色法

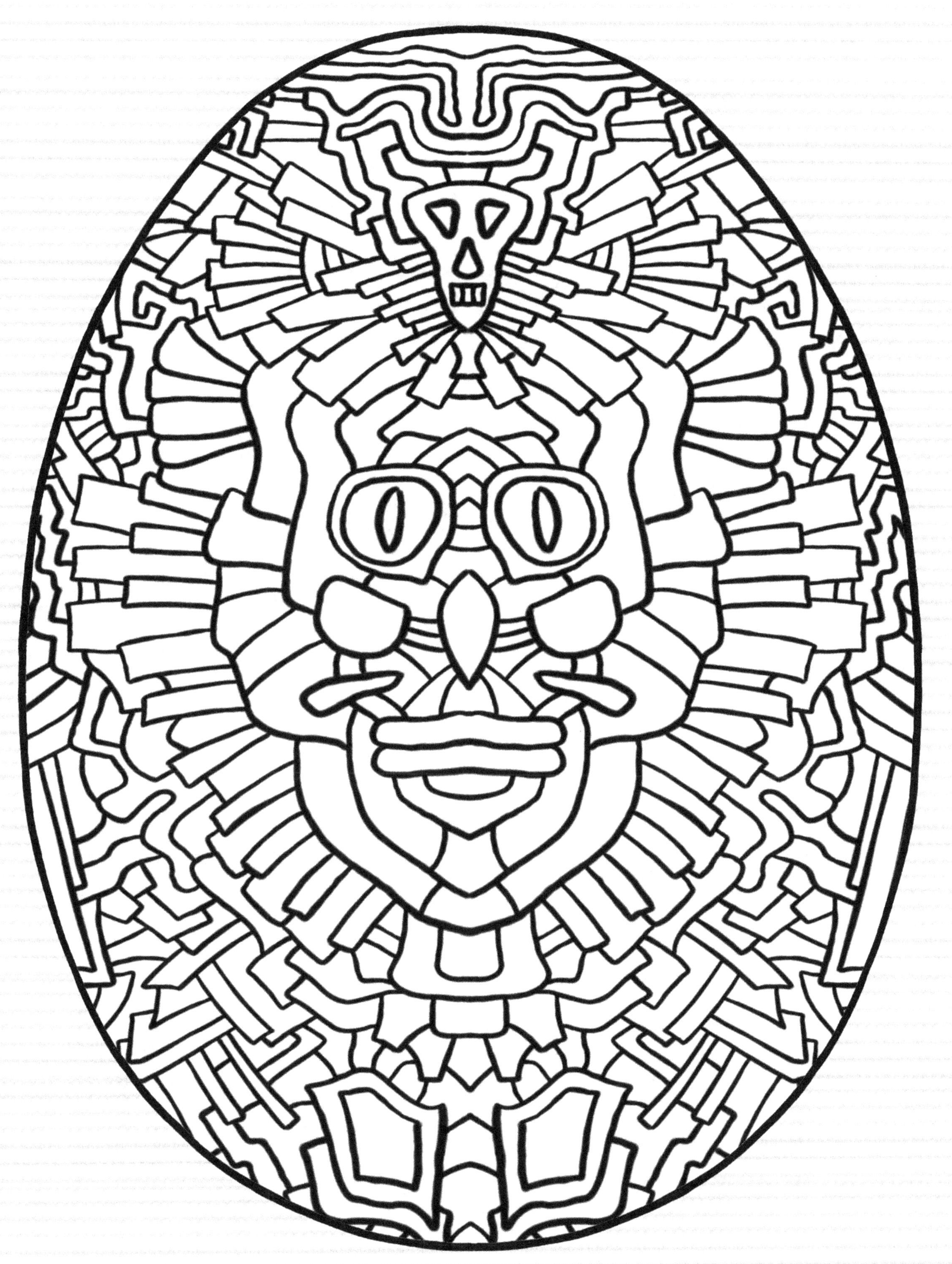

color test - prueba de color
test colore - teste de cor
test de couleur - test koloru
Farbtest – kleurproef
цветовой тест
カラーテスト – 试色法

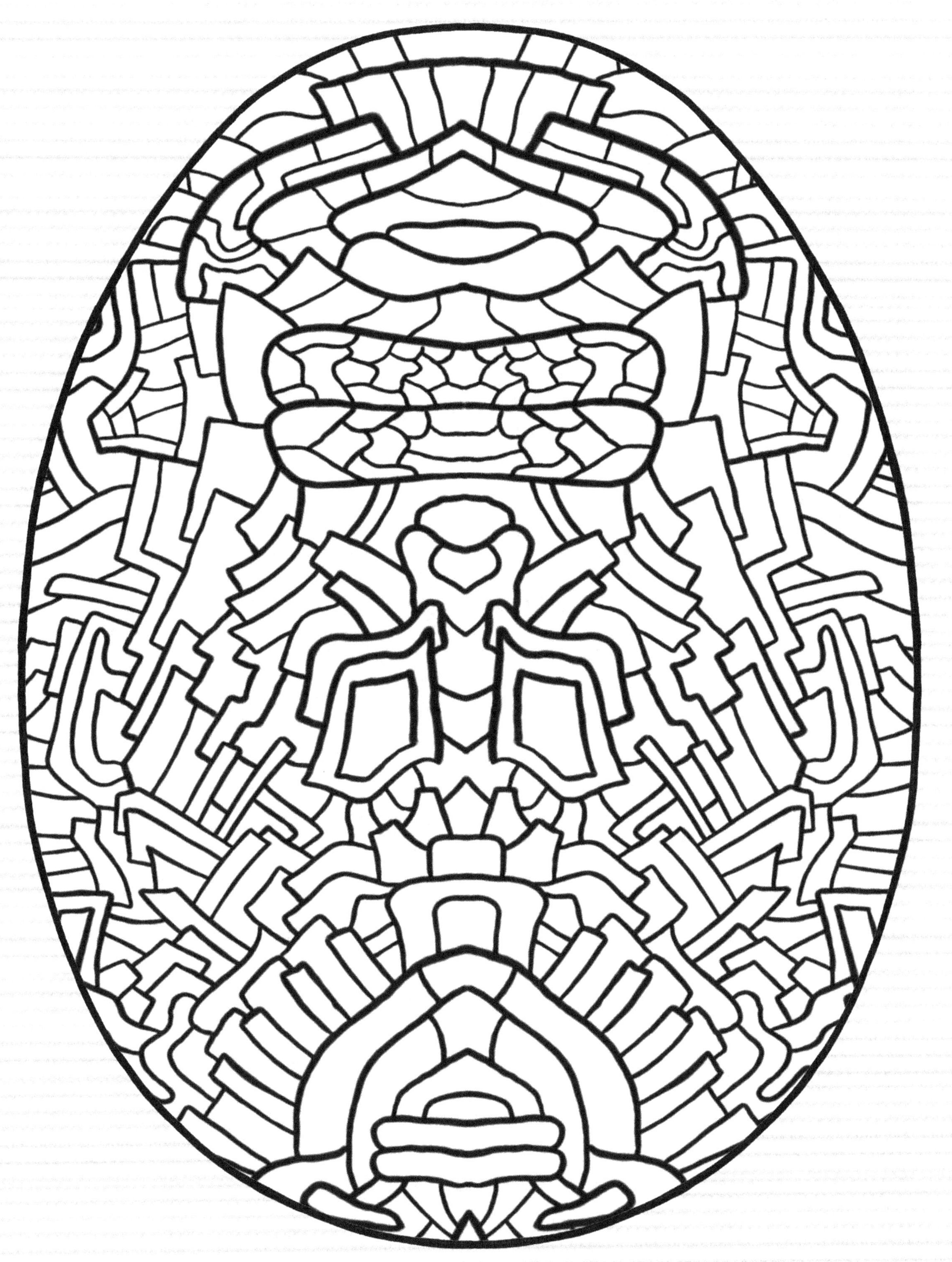

color test - prueba de color
test colore - teste de cor
test de couleur - test koloru
Farbtest – kleurproef
цветовой тест
カラーテスト – 試色法

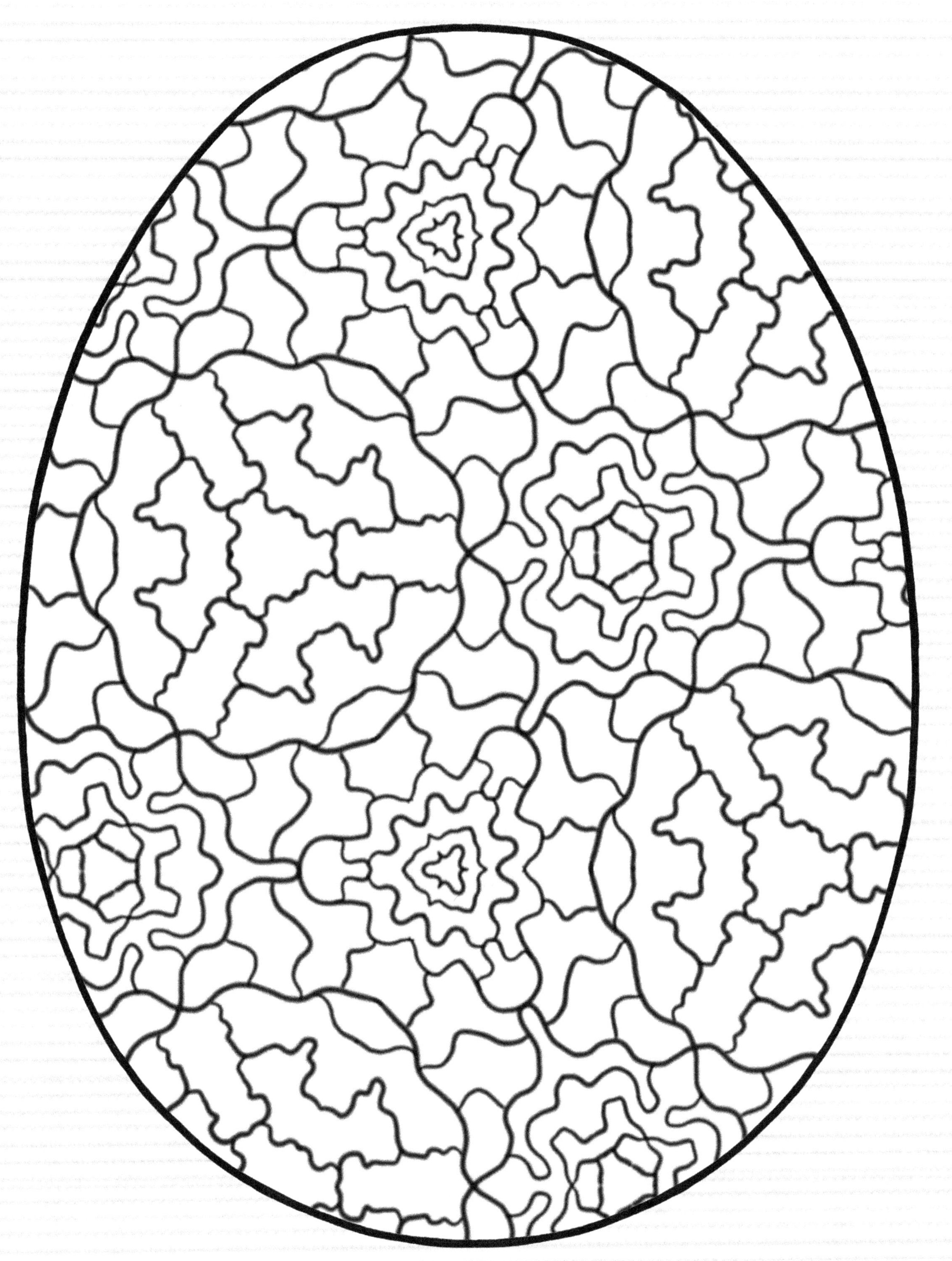

color test - prueba de color
test colore - teste de cor
test de couleur - test koloru
Farbtest – kleurproef
цветовой тест
カラーテスト － 試色法

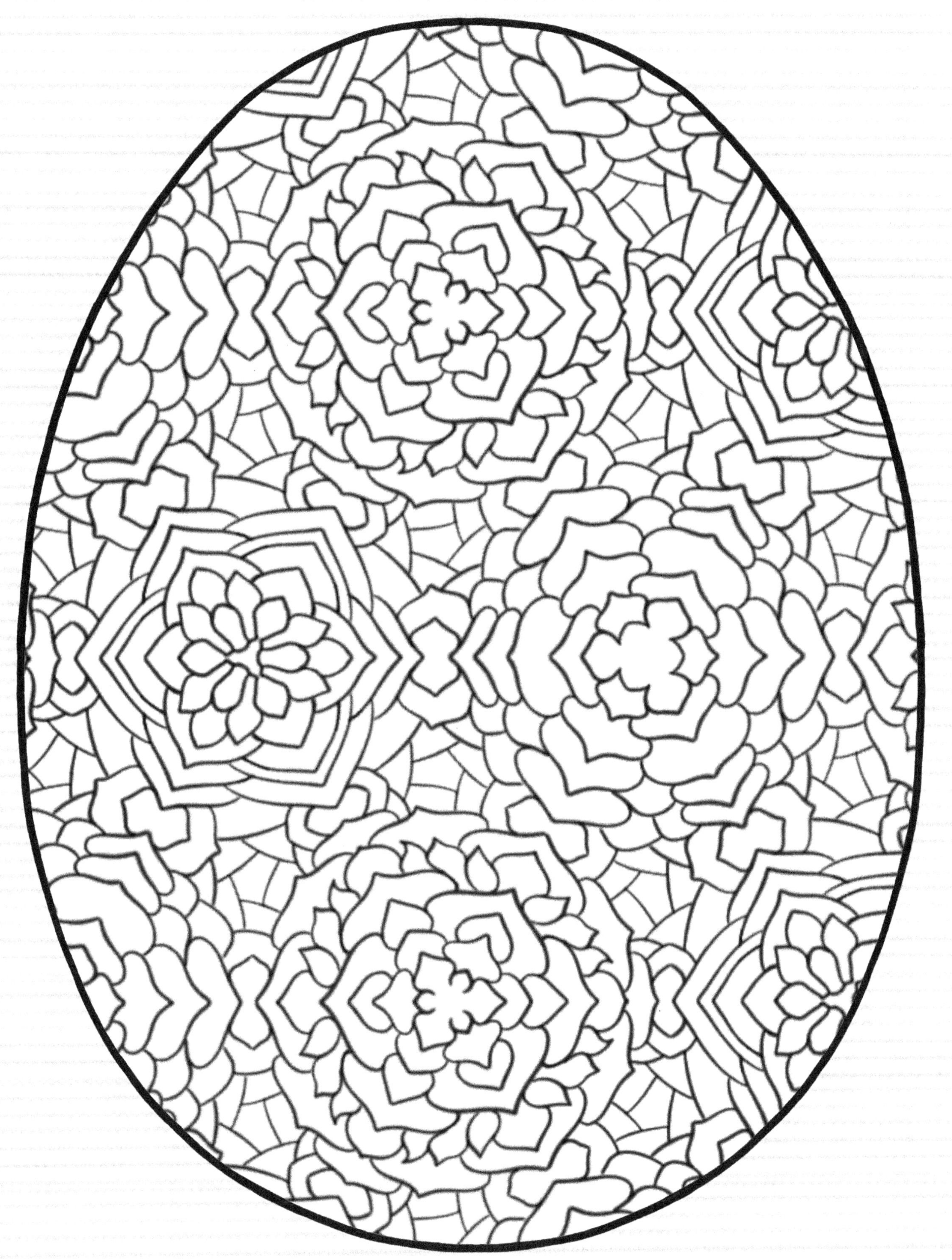

color test - prueba de color
test colore - teste de cor
test de couleur - test koloru
Farbtest – kleurproef
цветовой тест
カラーテスト – 試色法

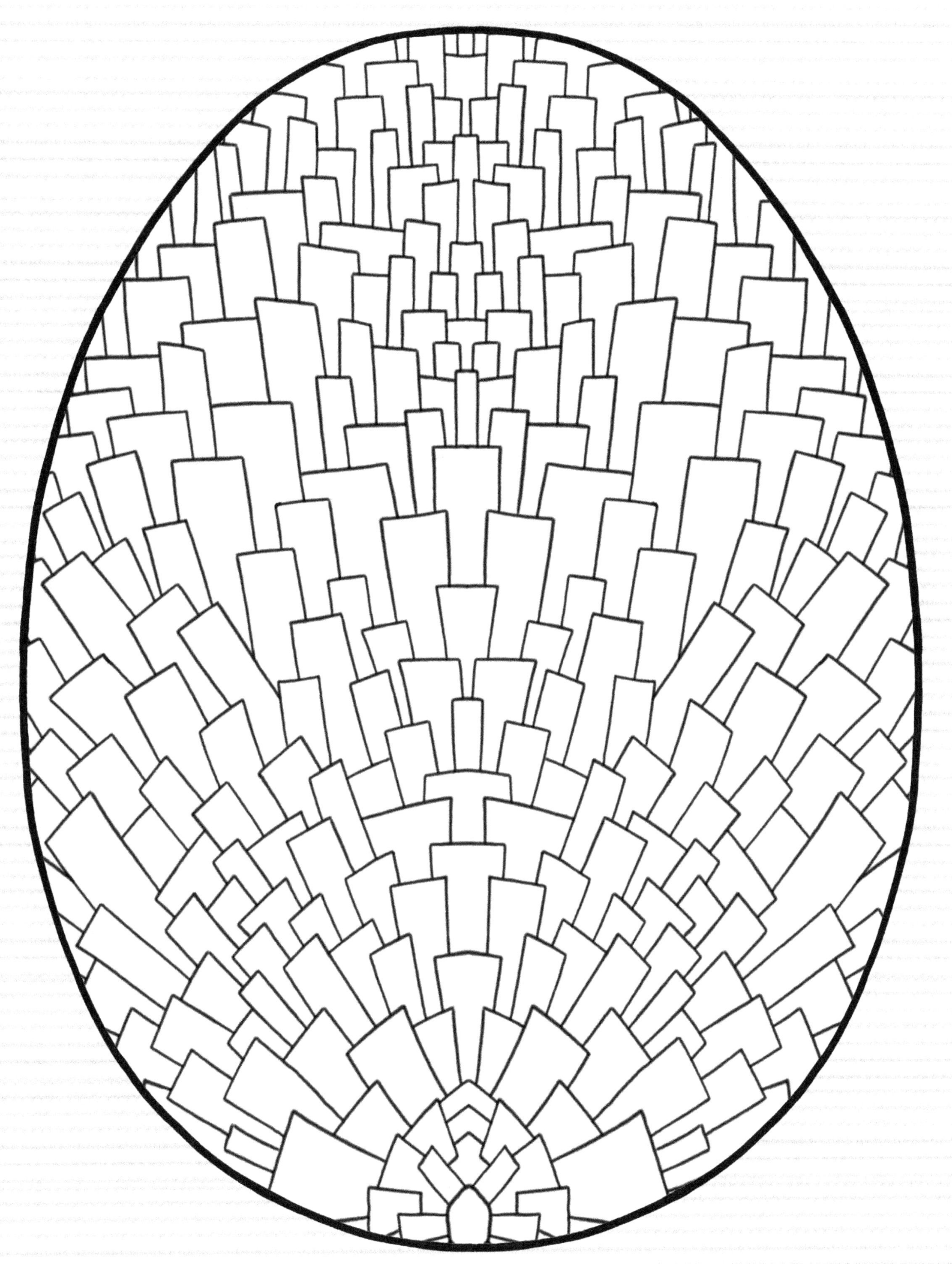

color test - prueba de color
test colore - teste de cor
test de couleur - test koloru
Farbtest – kleurproef
цветовой тест
カラーテスト – 試色法

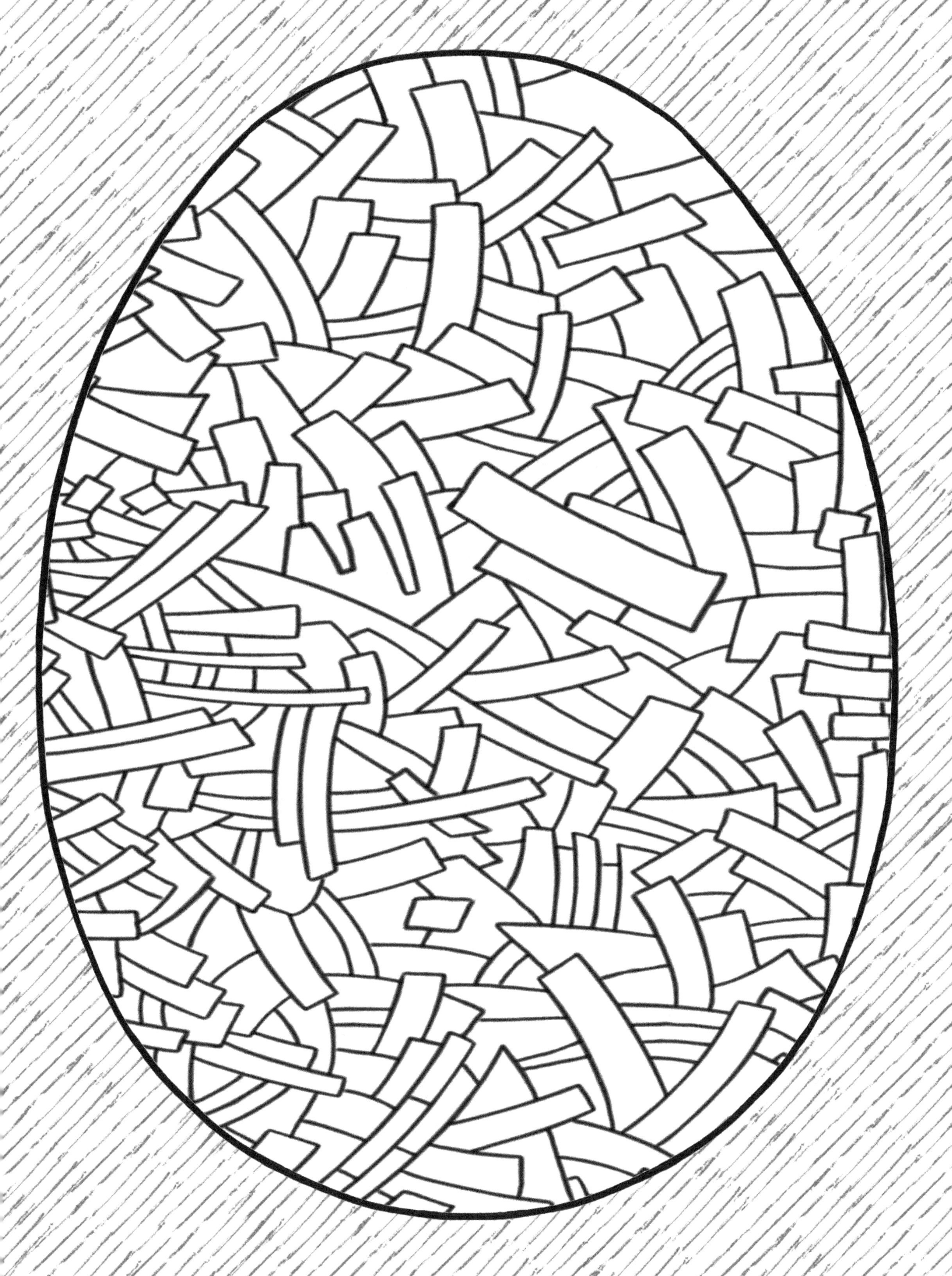

color test - prueba de color
test colore - teste de cor
test de couleur - test koloru
Farbtest – kleurproef
цветовой тест
カラーテスト – 試色法

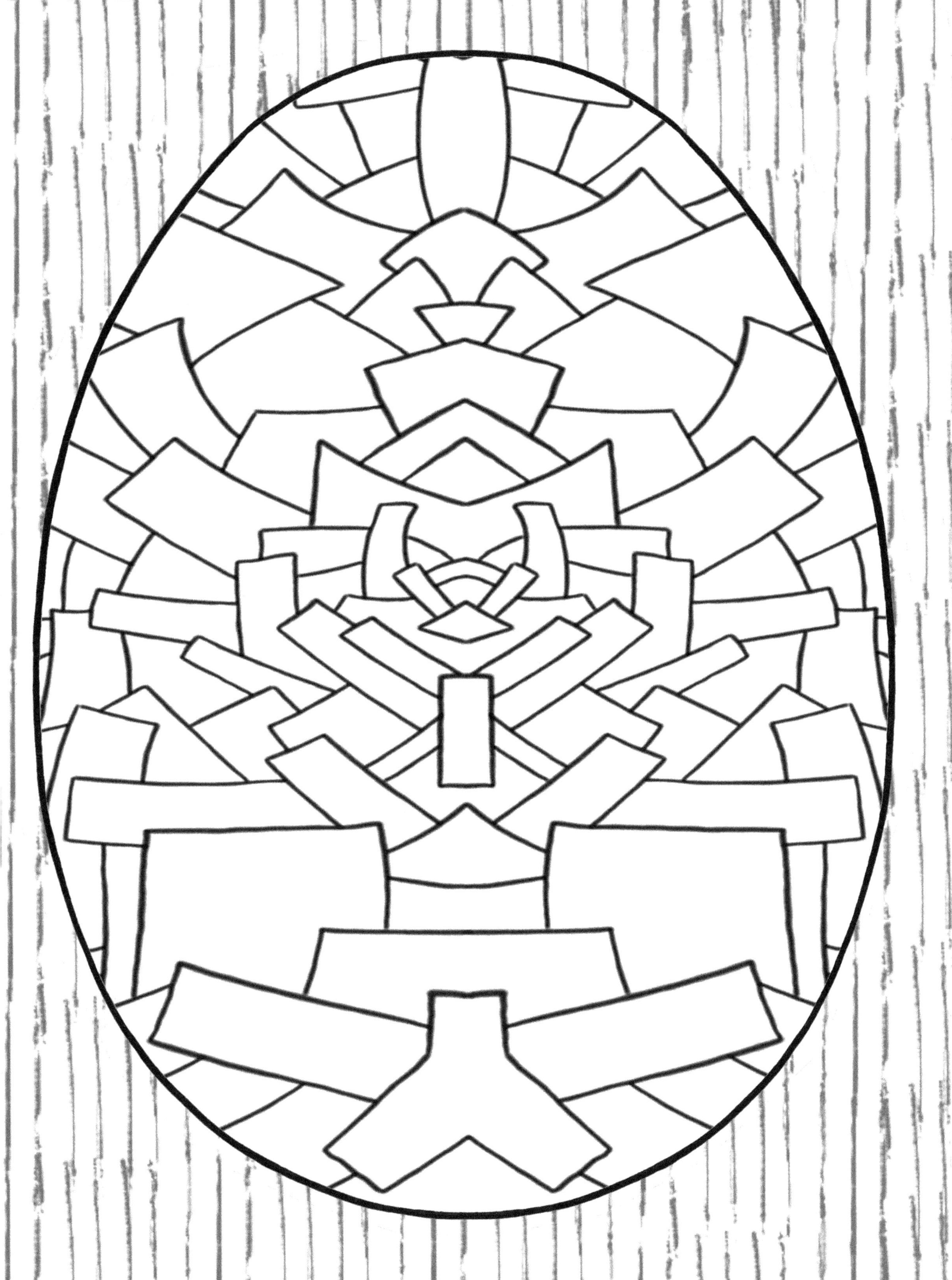

color test - prueba de color
test colore - teste de cor
test de couleur - test koloru
Farbtest – kleurproef
цветовой тест
カラーテスト – 試色法

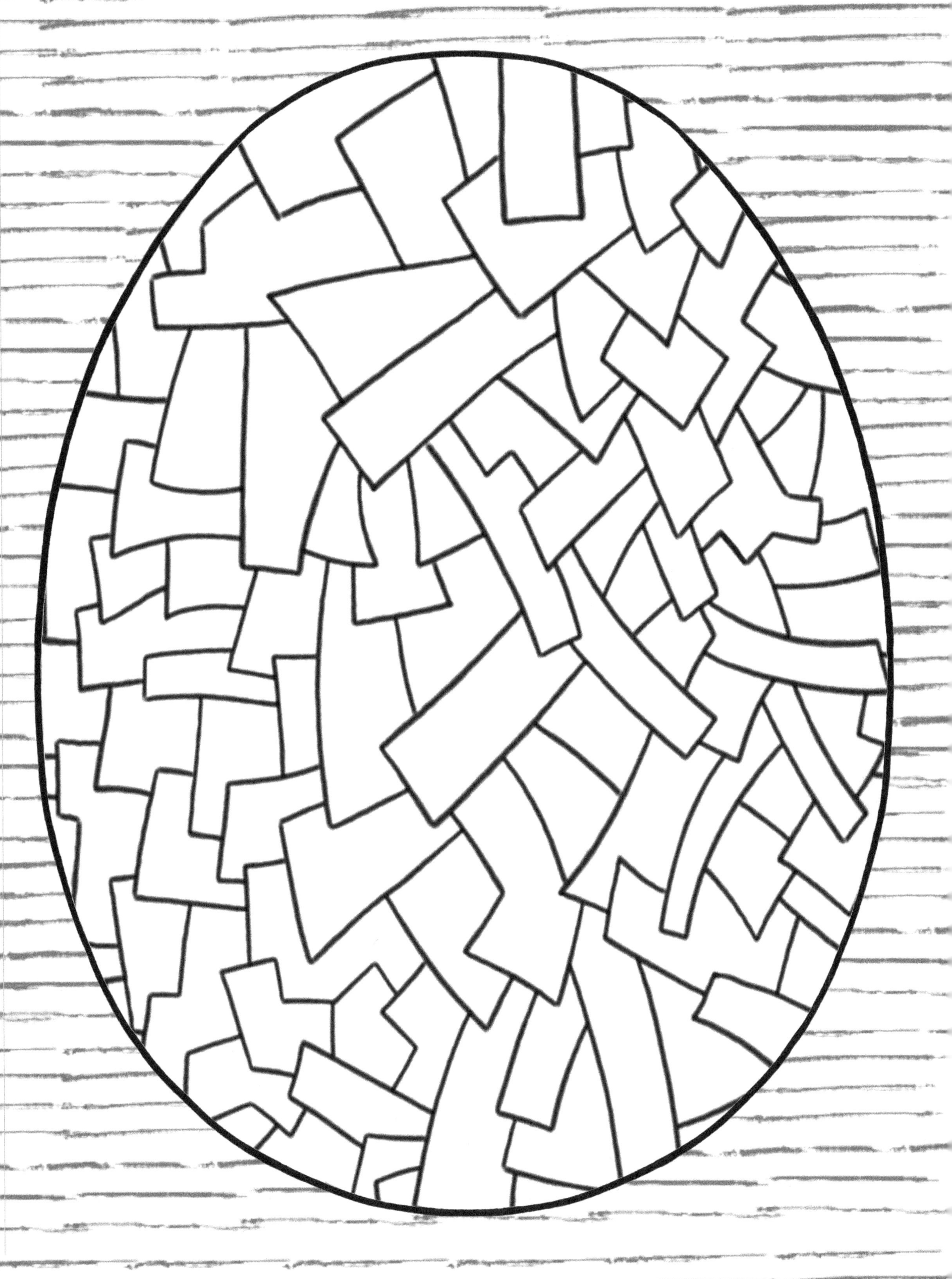

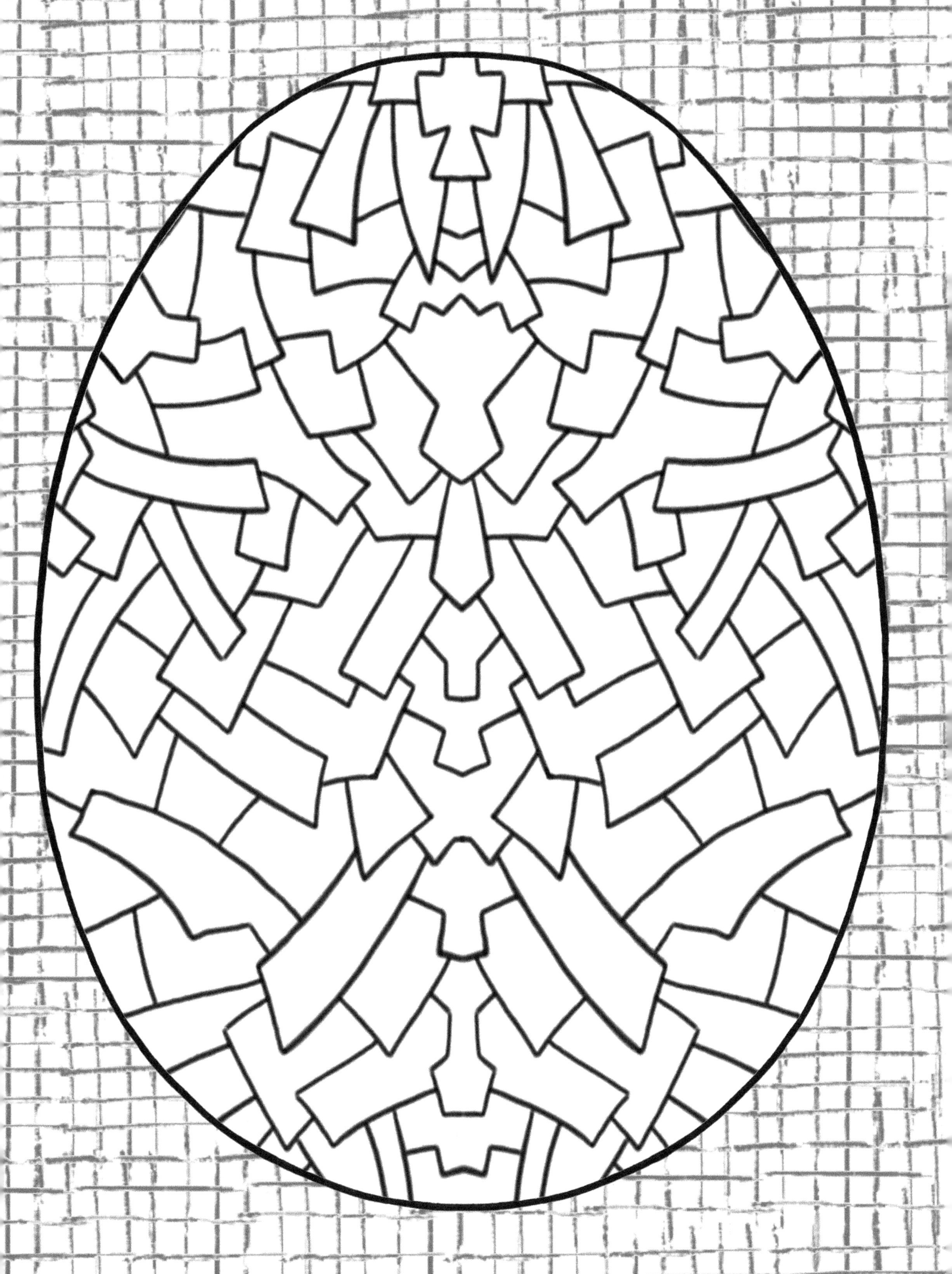

color test - prueba de color
test colore - teste de cor
test de couleur - test koloru
Farbtest – kleurproef
цветовой тест
カラーテスト – 試色法

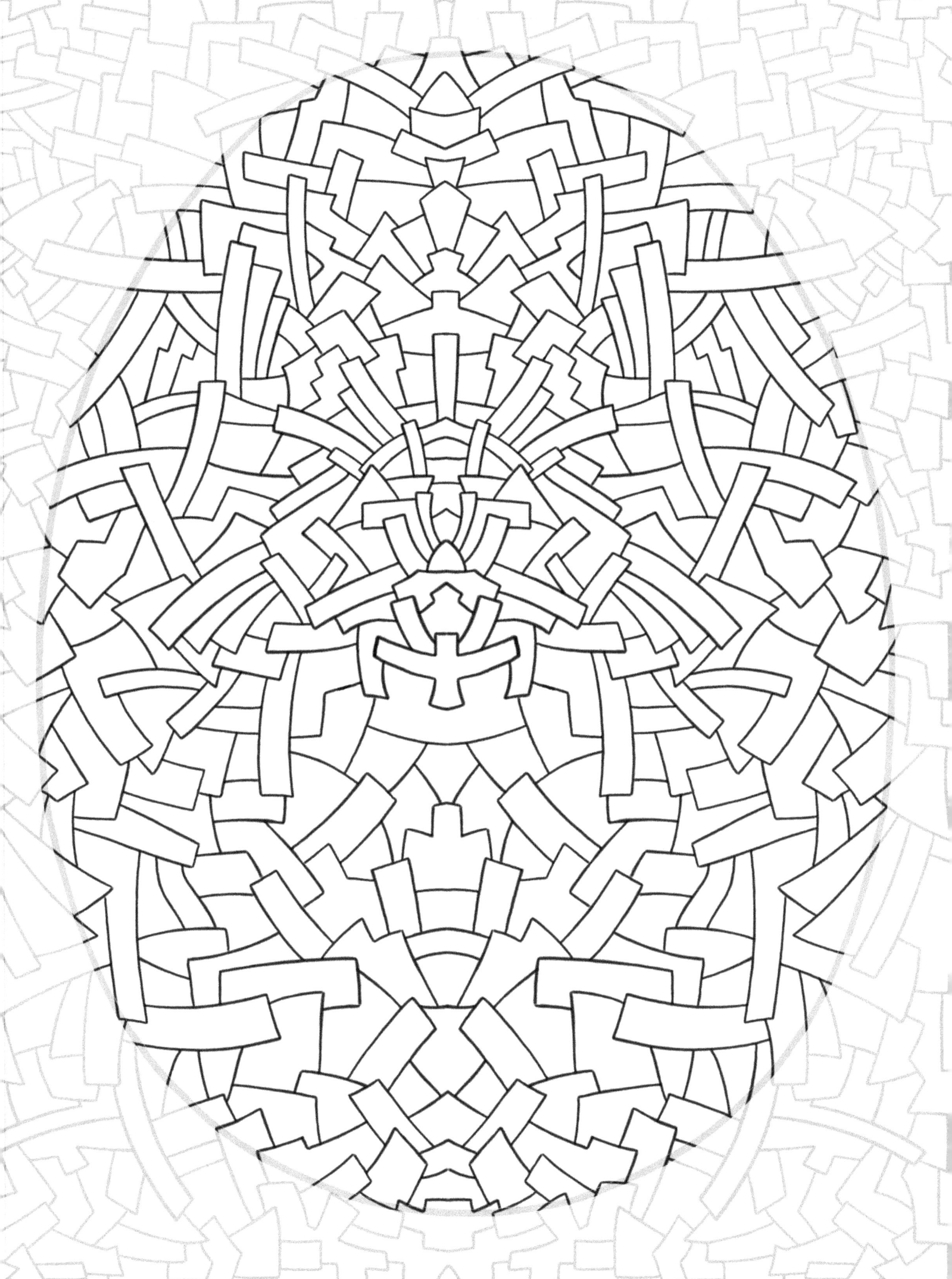

color test - prueba de color
test colore - teste de cor
test de couleur - test koloru
Farbtest – kleurproef
цветовой тест
カラーテスト – 试色法

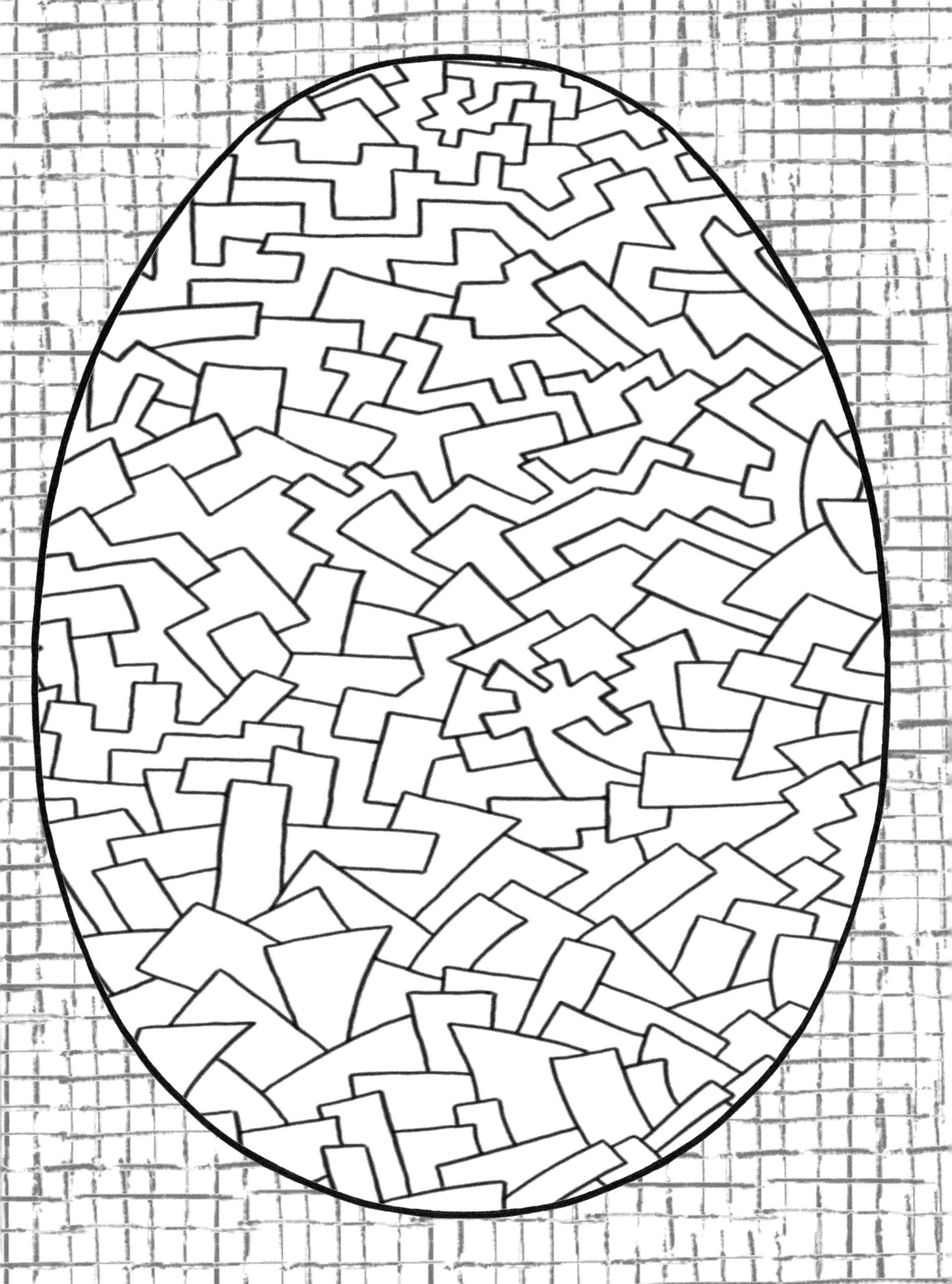

color test - prueba de color
test colore - teste de cor
test de couleur - test koloru
Farbtest – kleurproef
цветовой тест
カラーテスト － 試色法

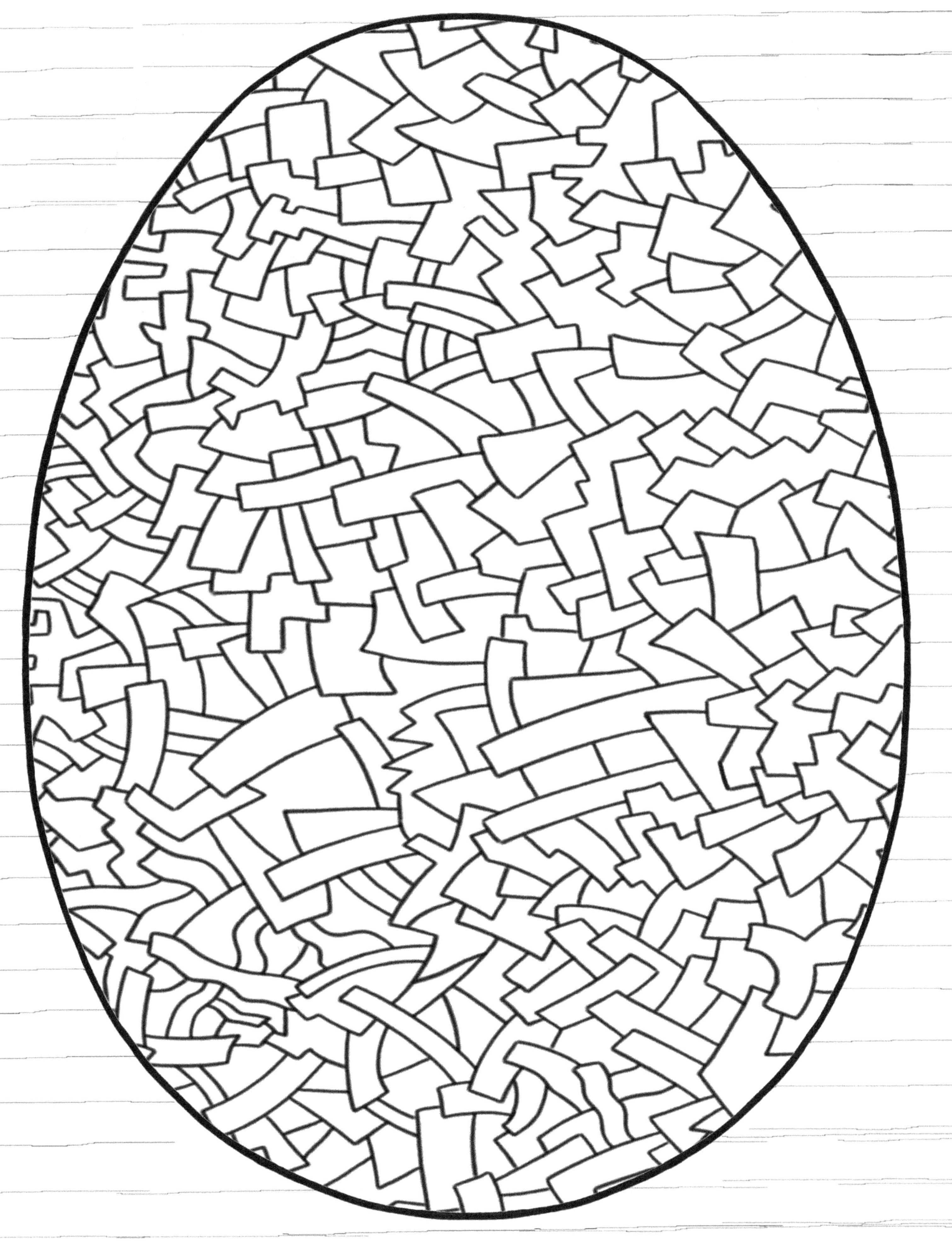

color test - prueba de color
test colore - teste de cor
test de couleur - test koloru
Farbtest – kleurproef
цветовой тест
カラーテスト － 試色法

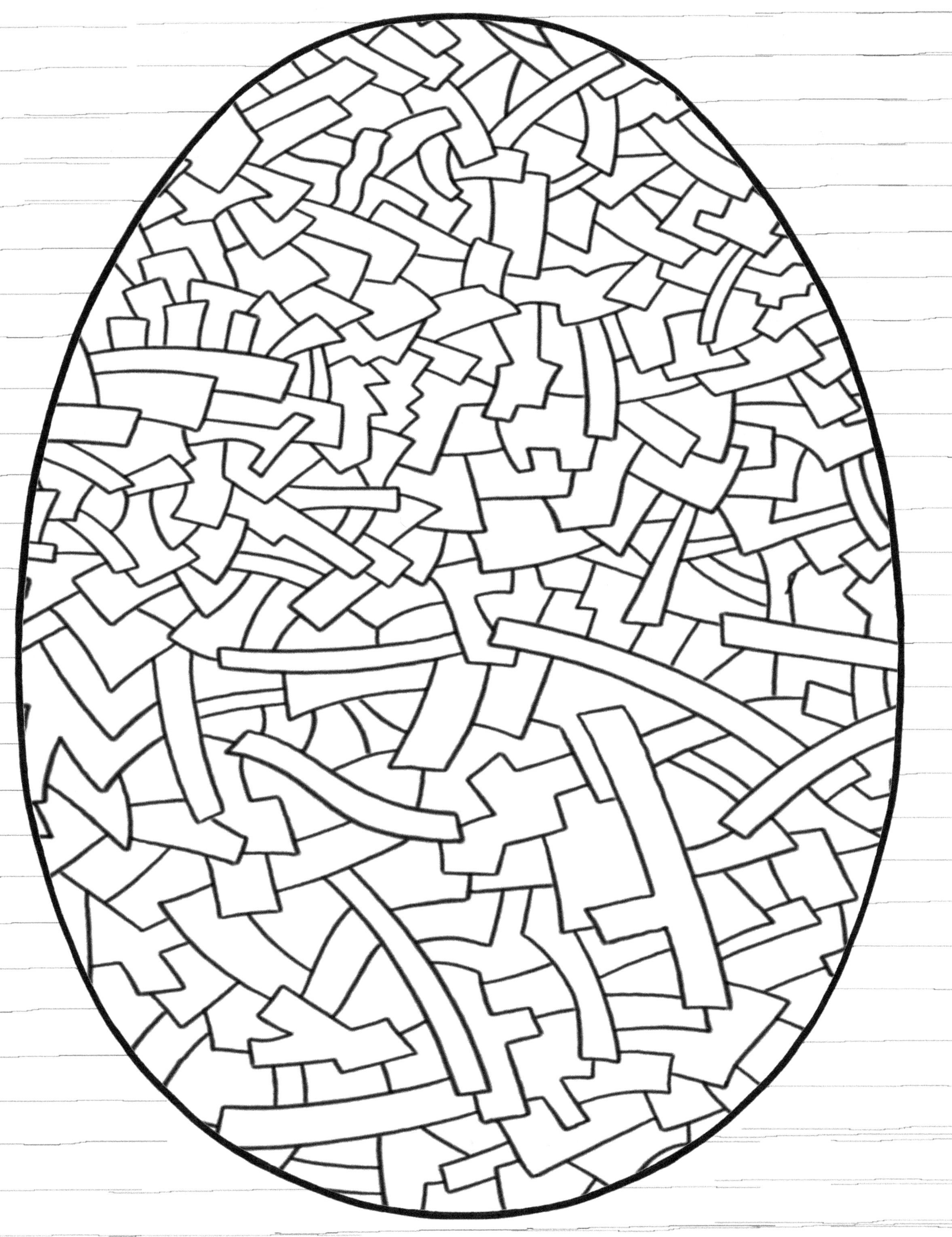

color test - prueba de color
test colore - teste de cor
test de couleur - test koloru
Farbtest – kleurproef
цветовой тест
カラーテスト – 試色法

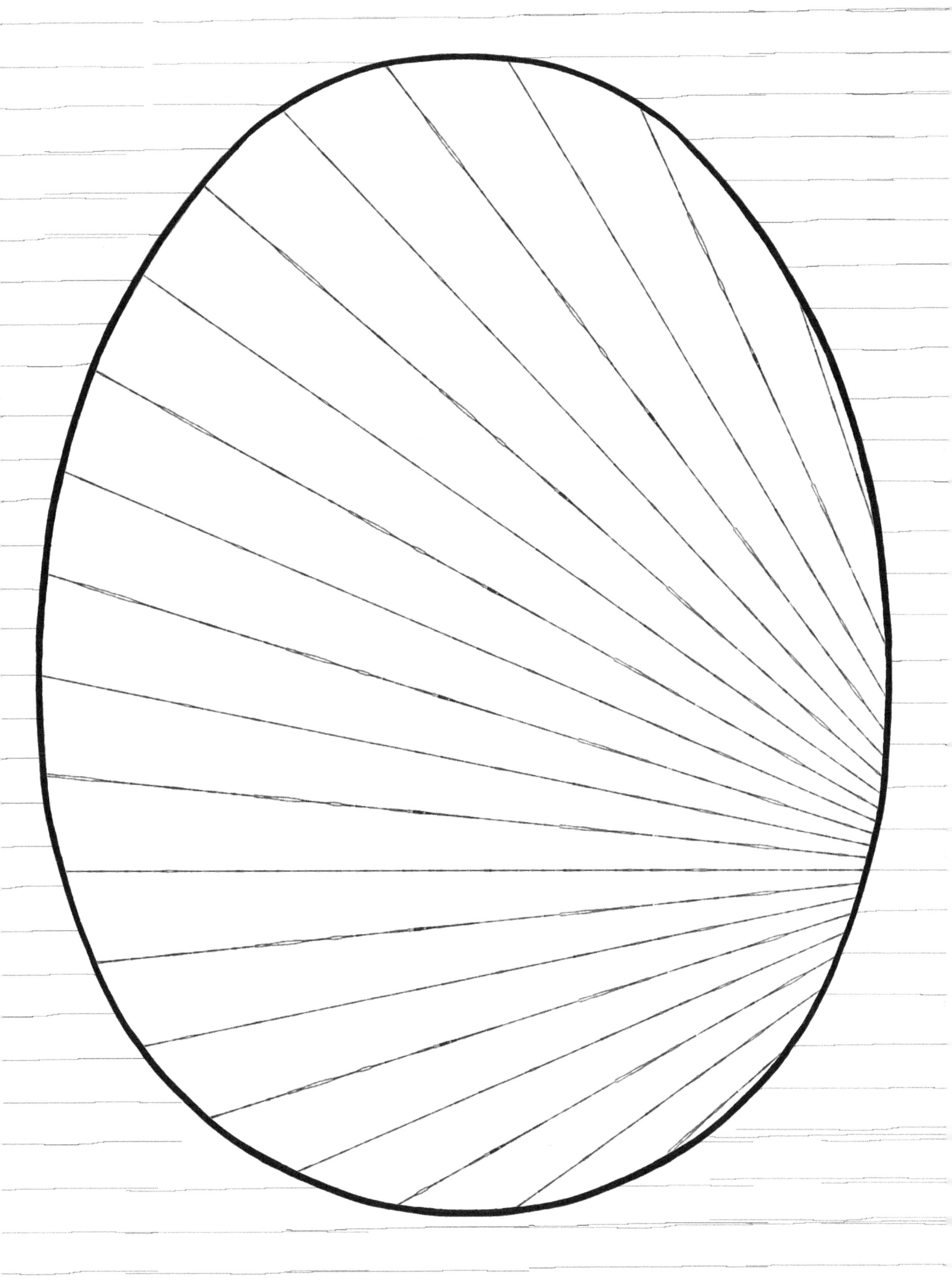

color test - prueba de color
test colore - teste de cor
test de couleur - test koloru
Farbtest – kleurproef
цветовой тест
カラーテスト – 試色法

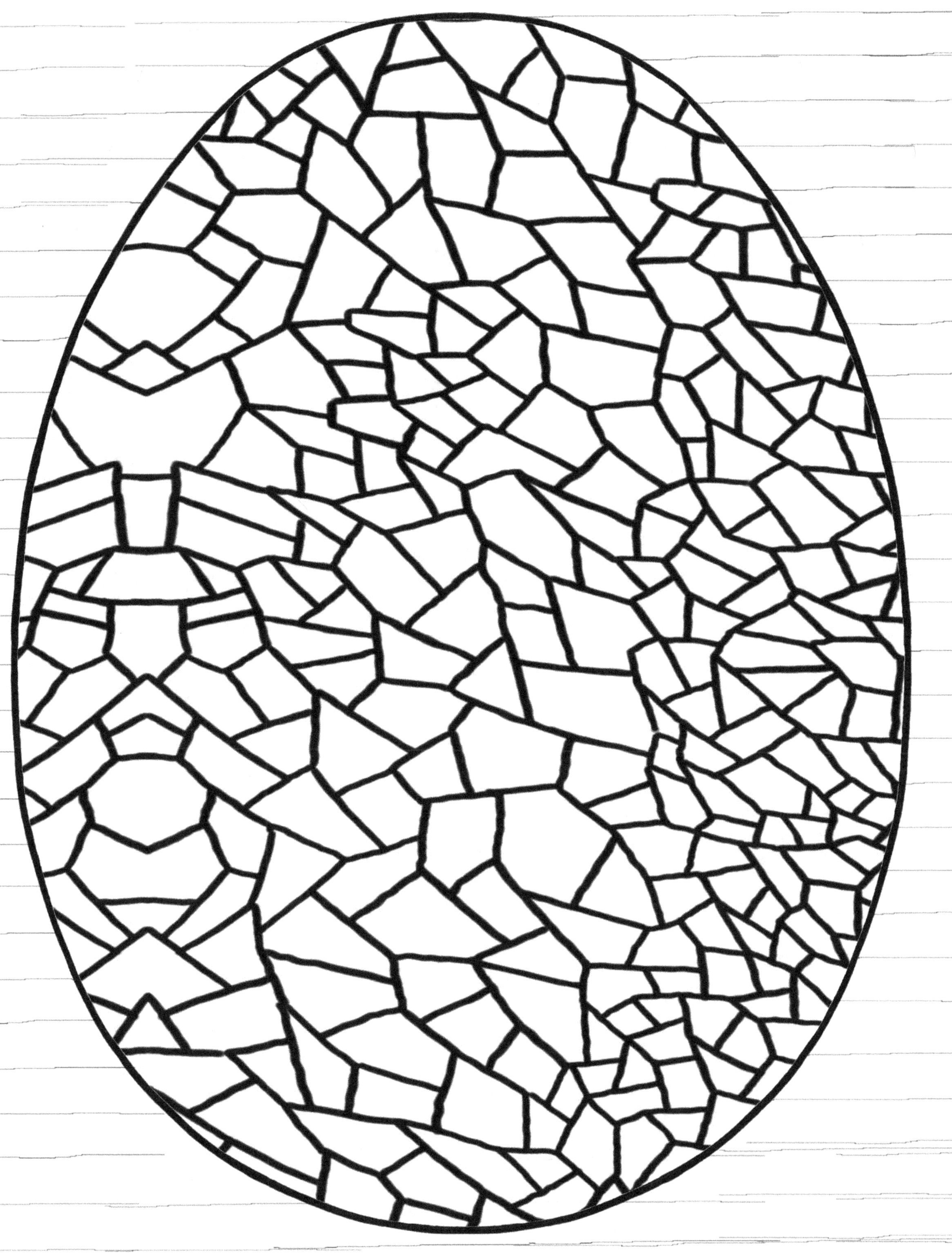

color test - prueba de color
test colore - teste de cor
test de couleur - test koloru
Farbtest – kleurproef
цветовой тест
カラーテスト – 試色法

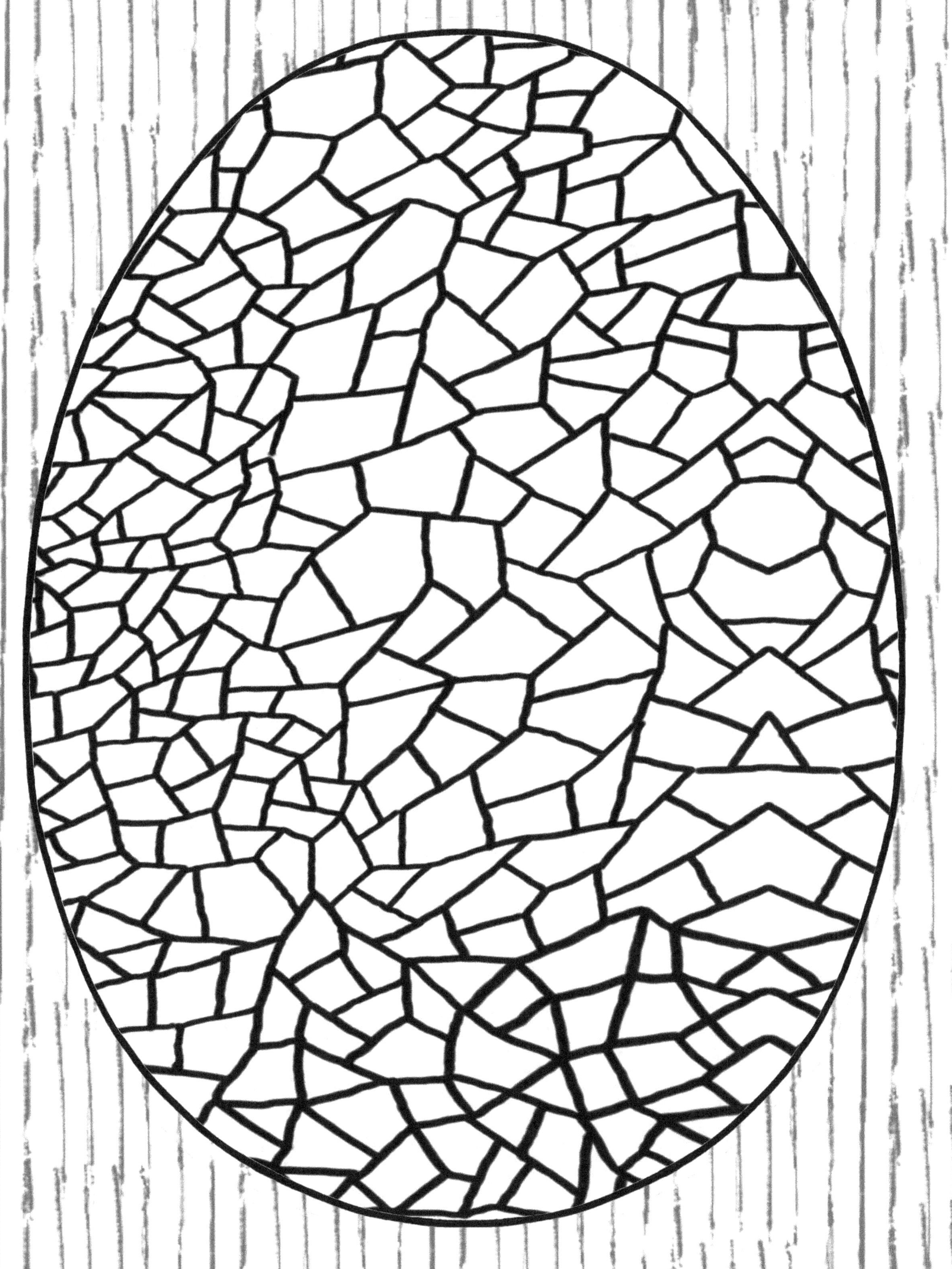

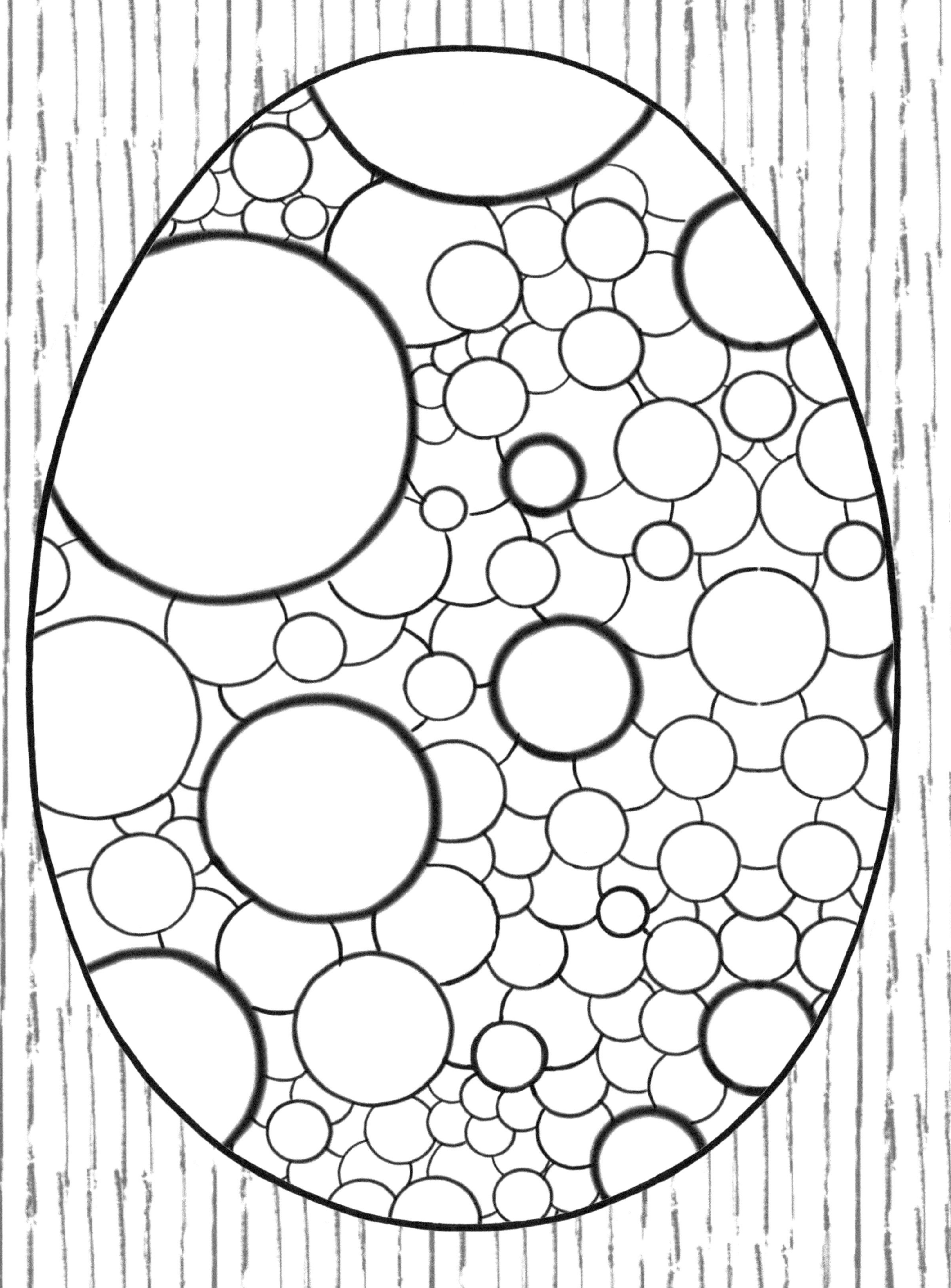

color test - prueba de color
test colore - teste de cor
test de couleur - test koloru
Farbtest – kleurproef
цветовой тест
カラーテスト – 试色法

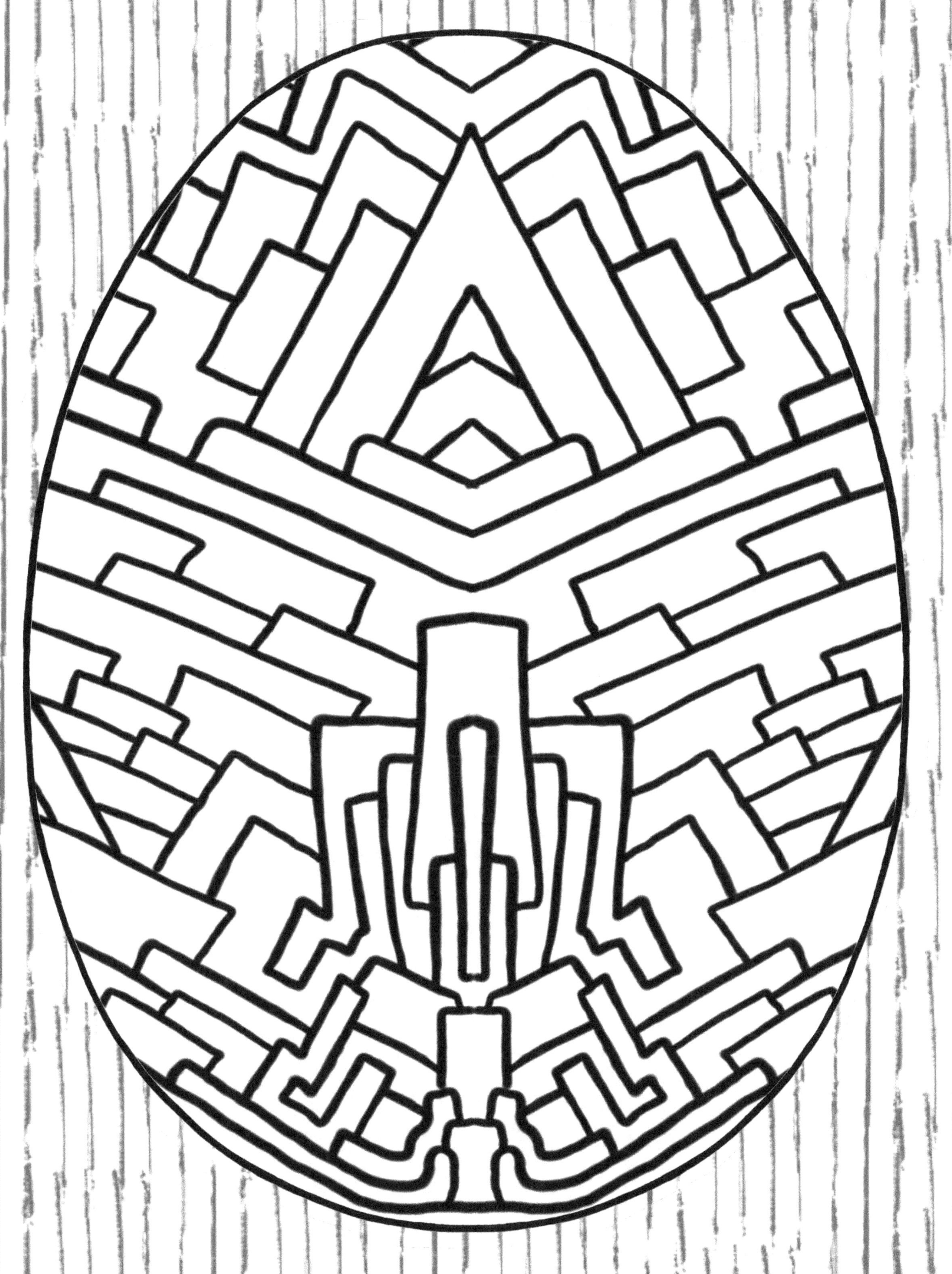

color test - prueba de color
test colore - teste de cor
test de couleur - test koloru
Farbtest – kleurproef
цветовой тест
カラーテスト － 試色法

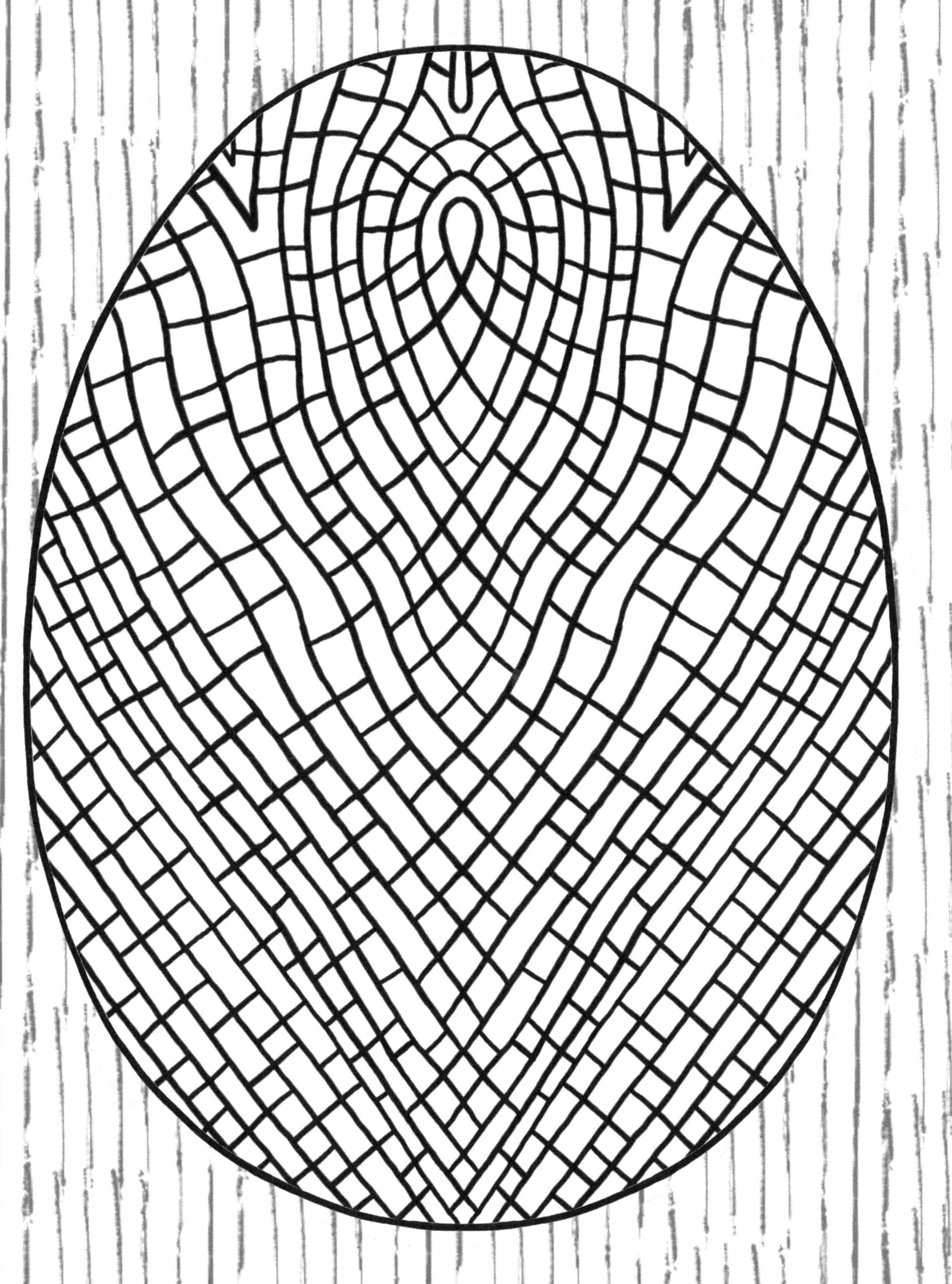

color test - prueba de color
test colore - teste de cor
test de couleur - test koloru
Farbtest – kleurproef
цветовой тест
カラーテスト – 試色法

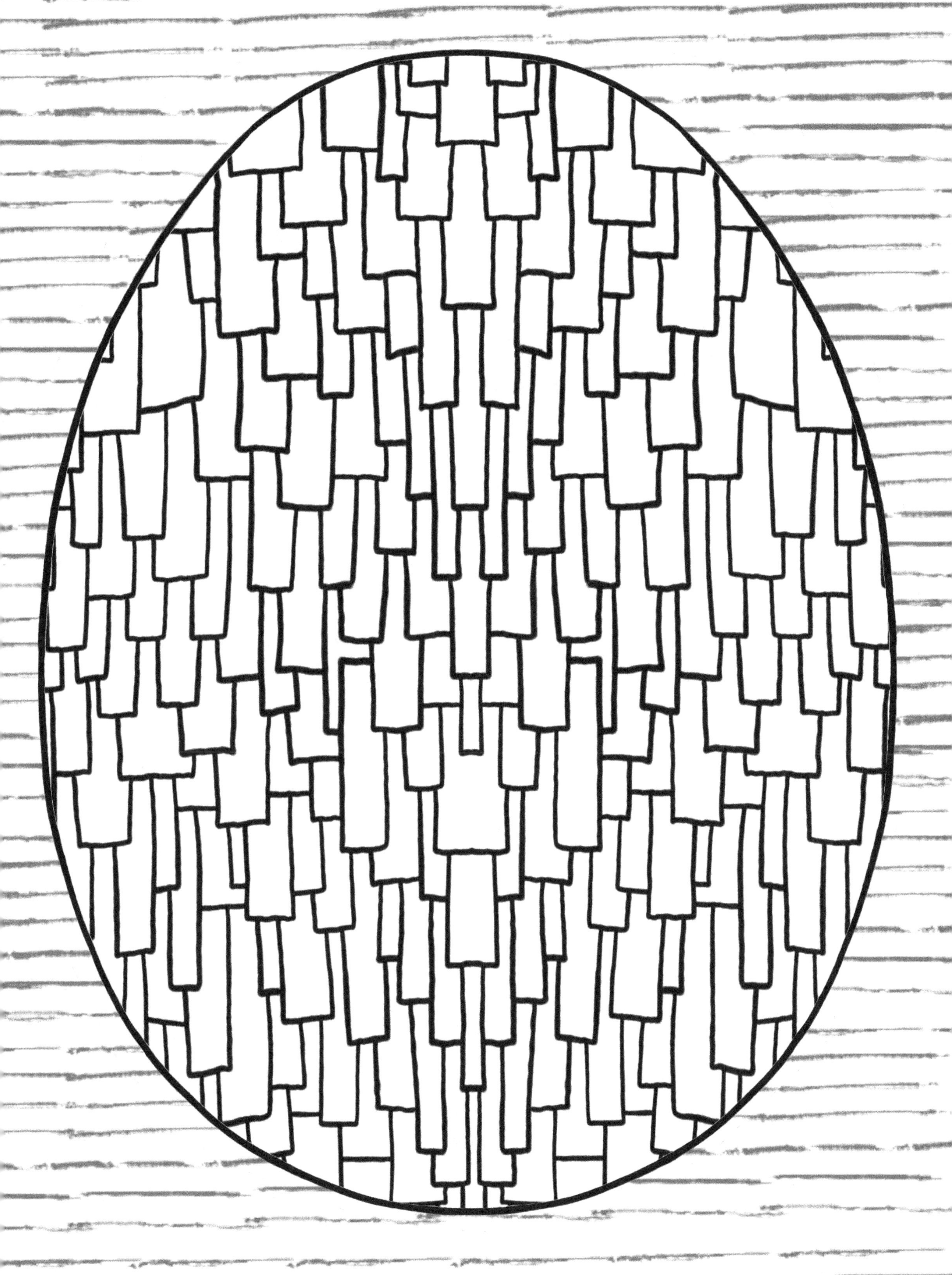

color test - prueba de color
test colore - teste de cor
test de couleur - test koloru
Farbtest – kleurproef
цветовой тест
カラーテスト – 試色法

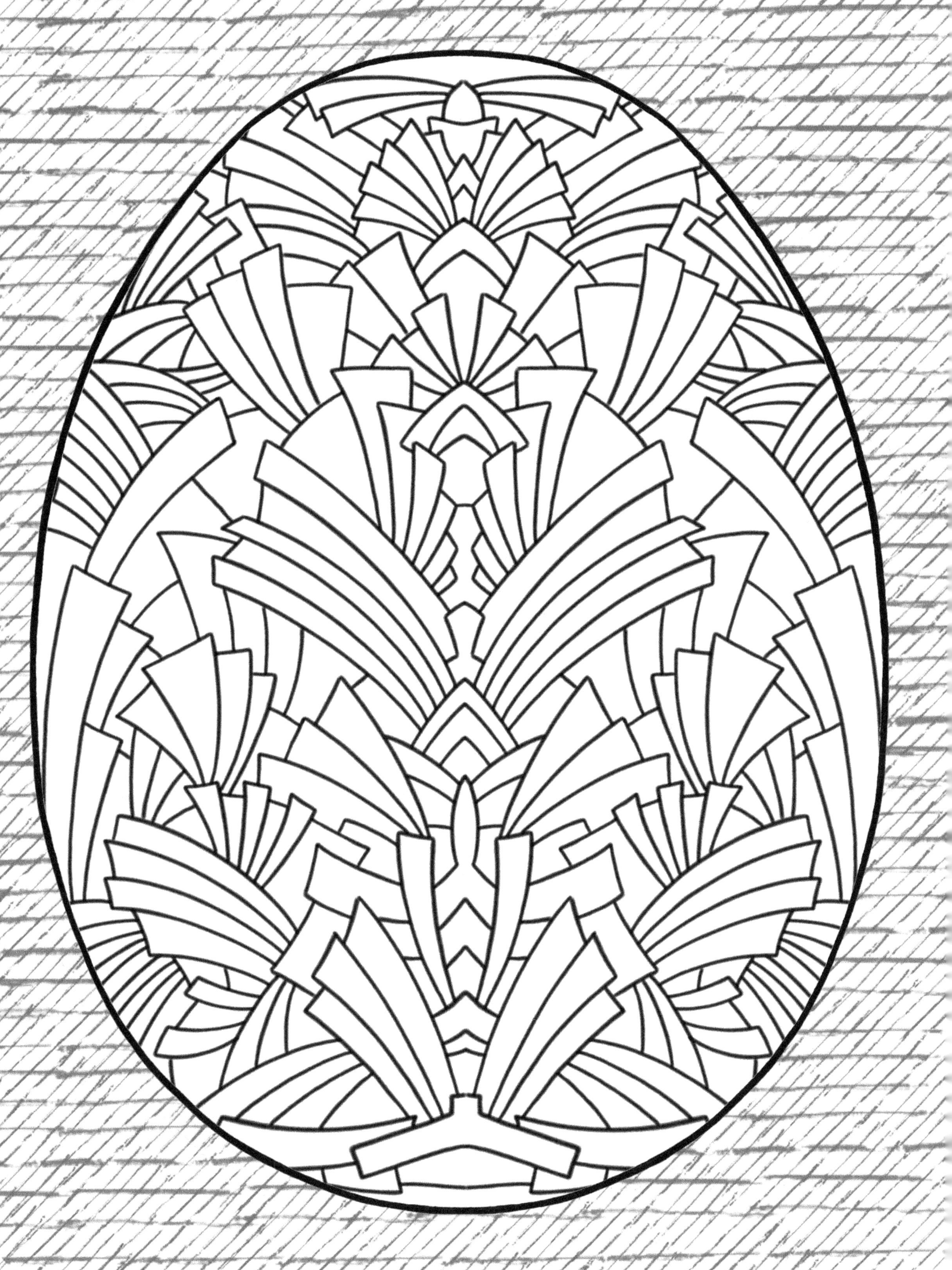

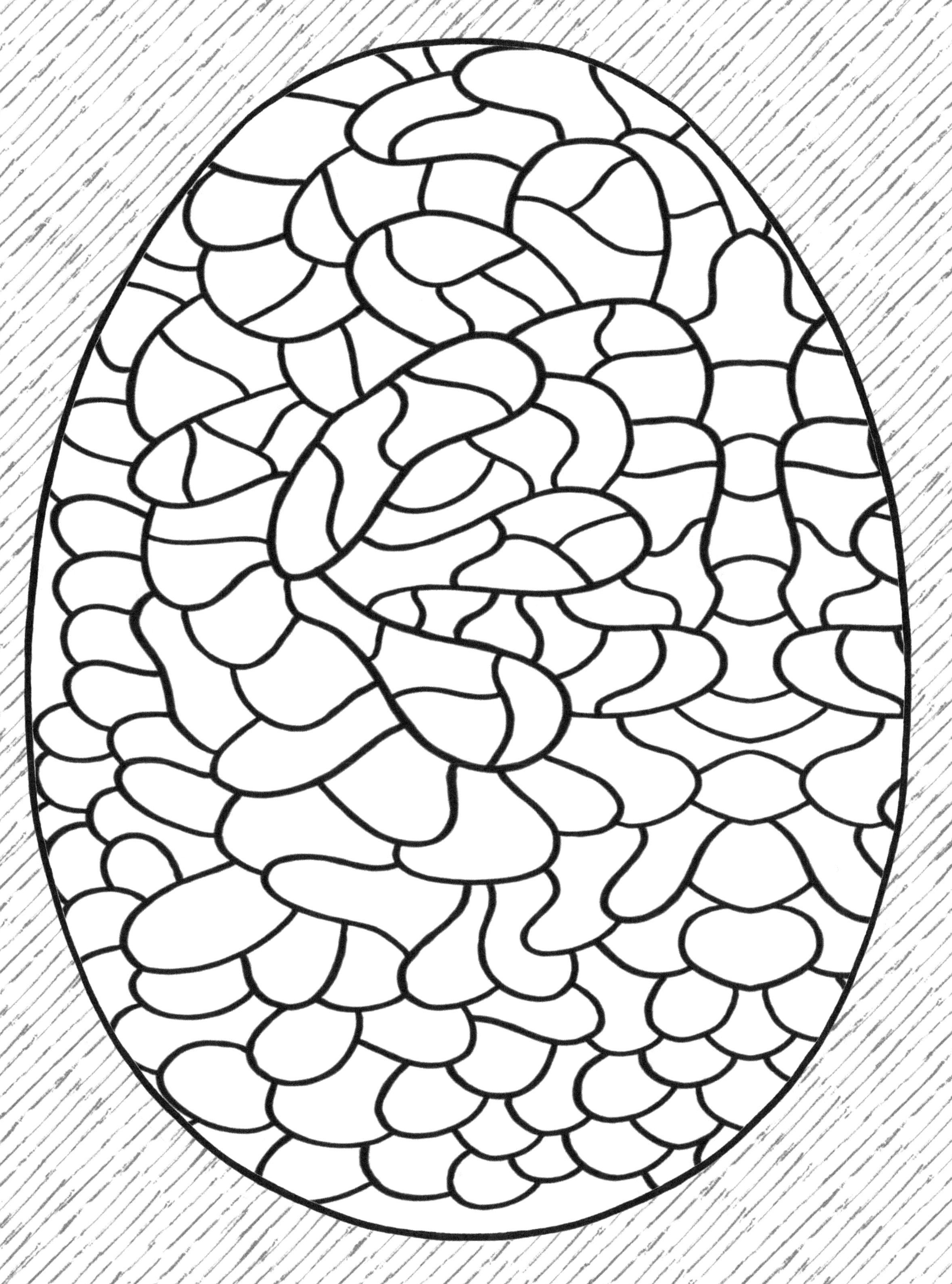

color test - prueba de color
test colore - teste de cor
test de couleur - test koloru
Farbtest – kleurproef
цветовой тест
カラーテスト – 試色法

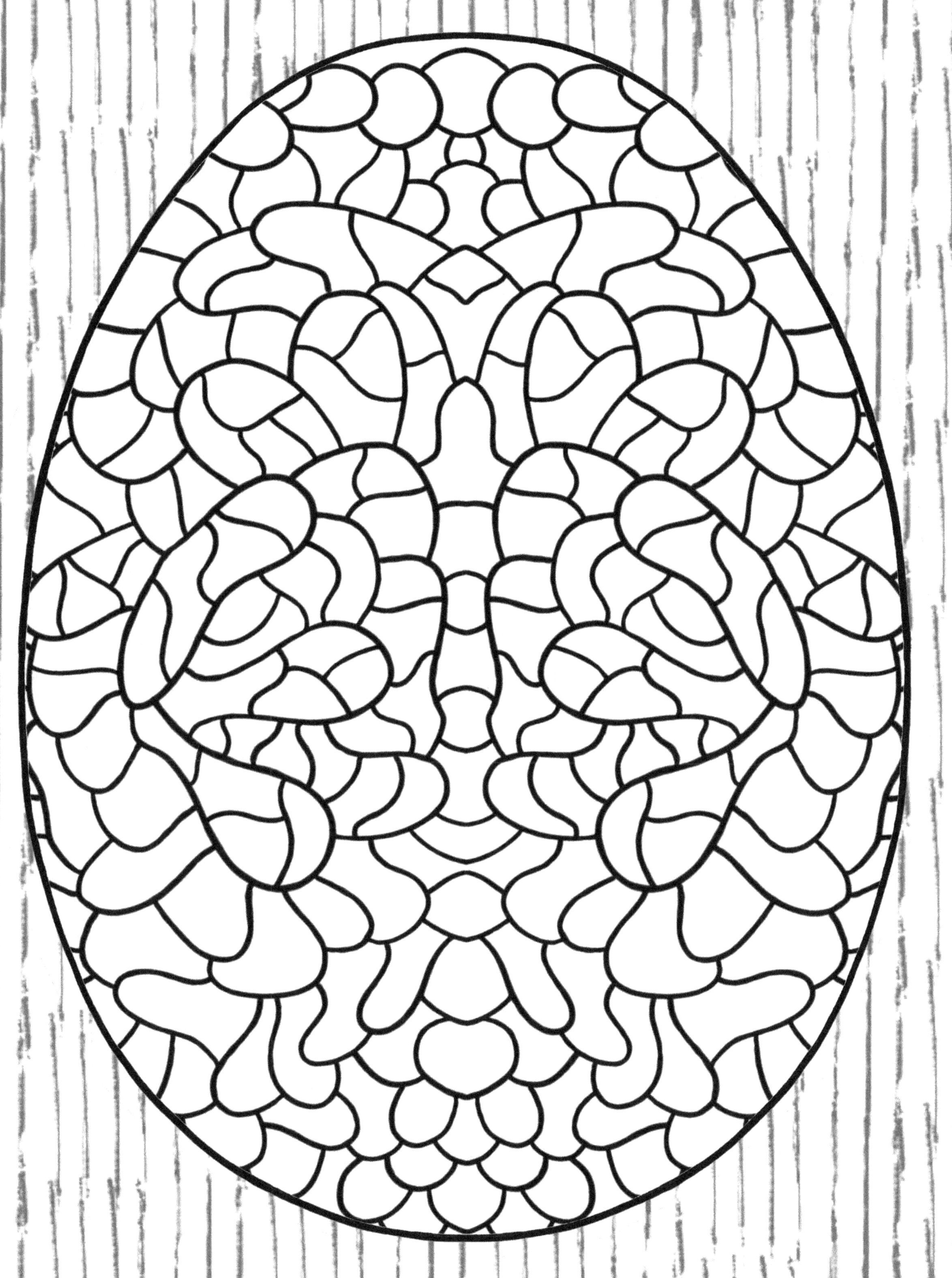

color test - prueba de color
test colore - teste de cor
test de couleur - test koloru
Farbtest – kleurproef
цветовой тест
カラーテスト – 試色法

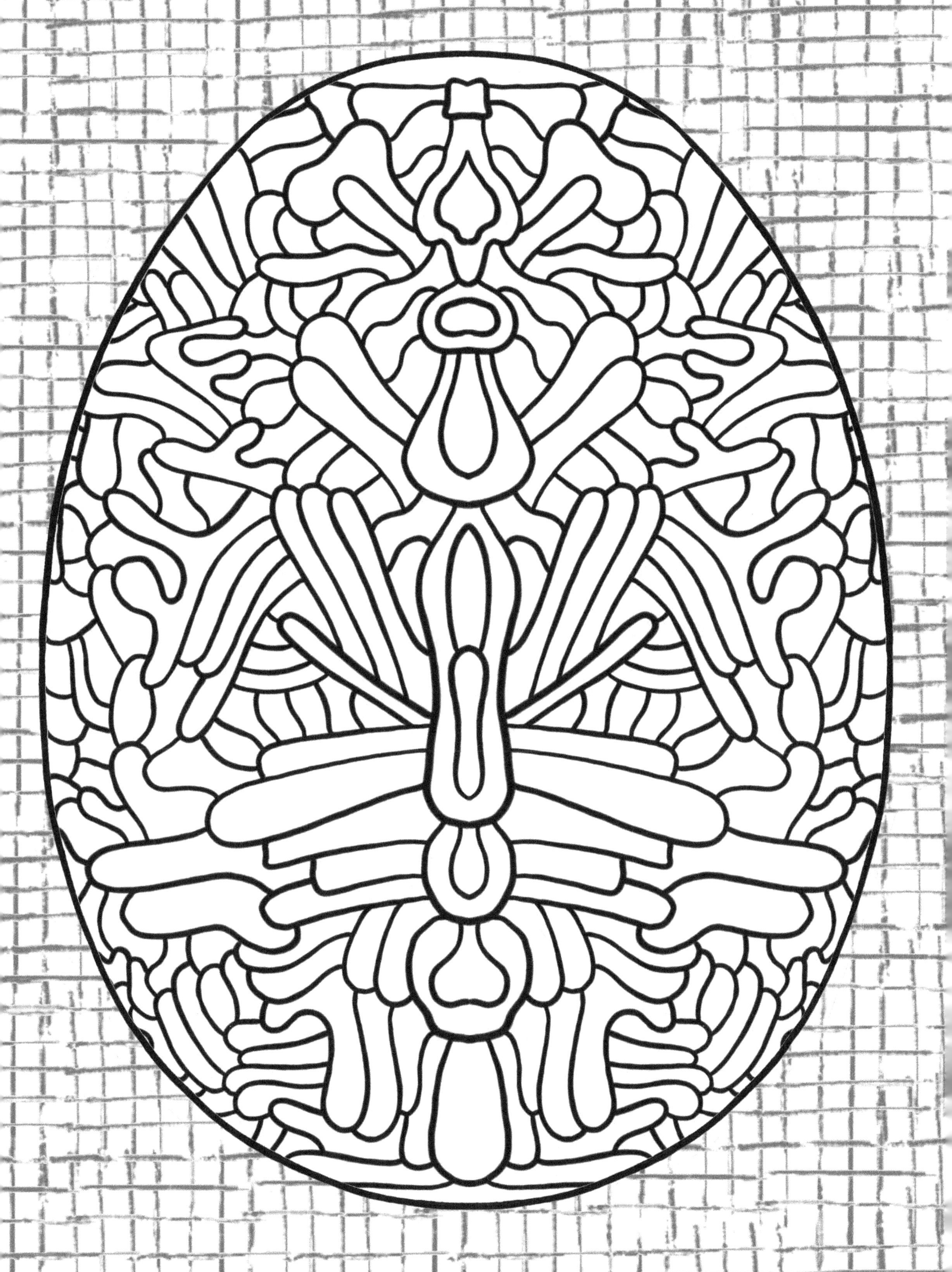

color test - prueba de color
test colore - teste de cor
test de couleur - test koloru
Farbtest – kleurproef
цветовой тест
カラーテスト – 試色法

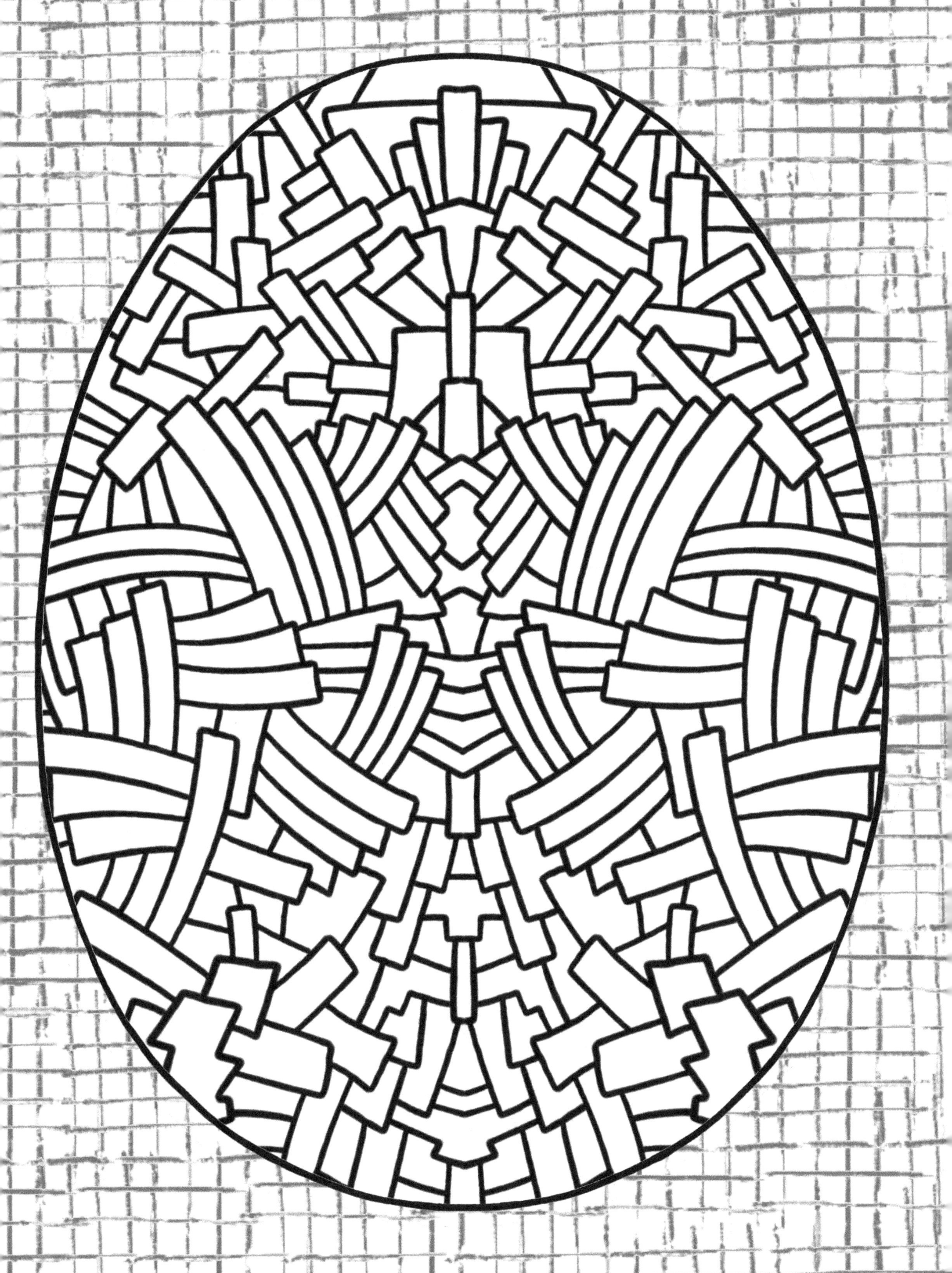

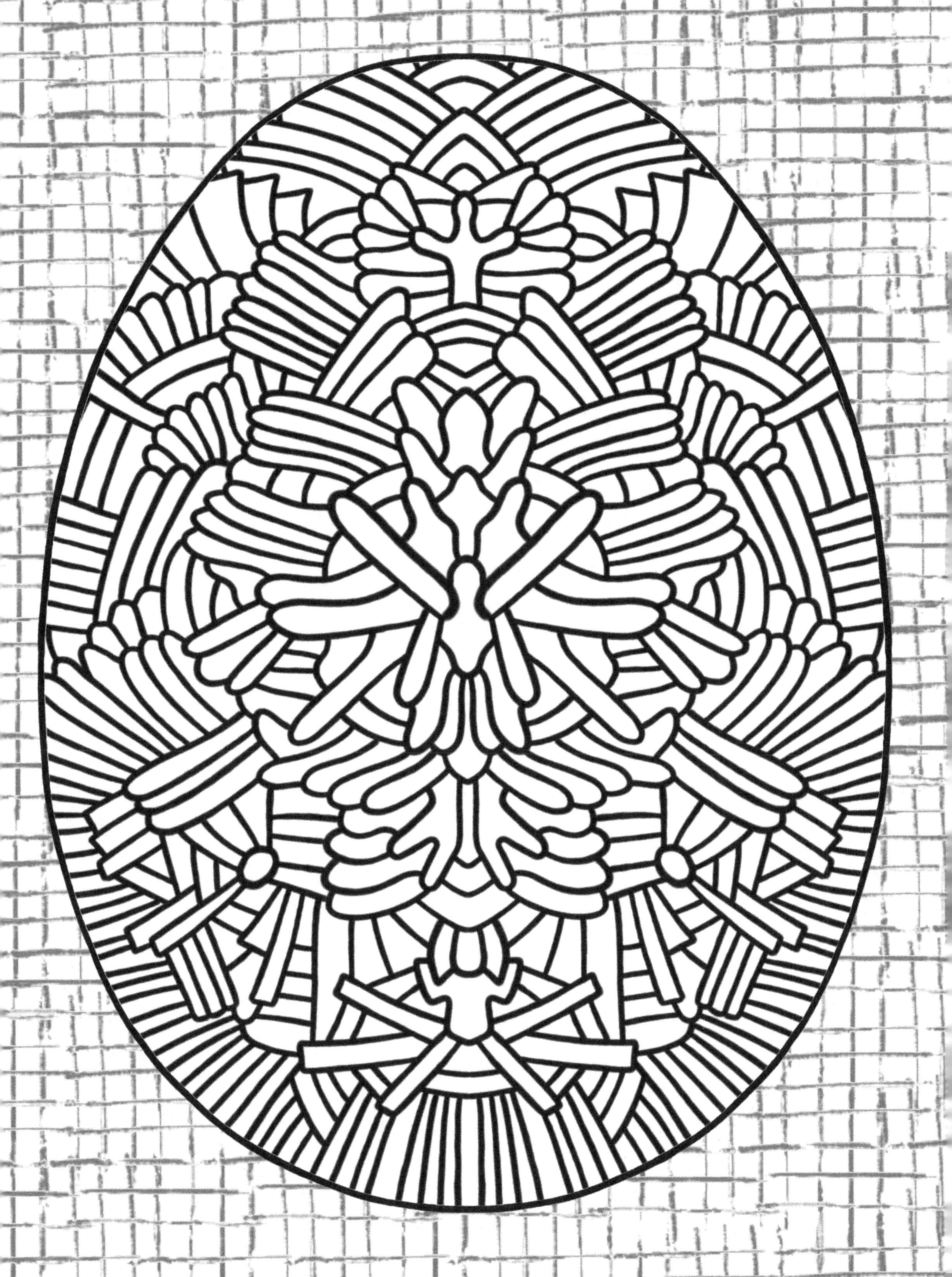

color test - prueba de color
test colore - teste de cor
test de couleur - test koloru
Farbtest – kleurproef
цветовой тест
カラーテスト − 試色法

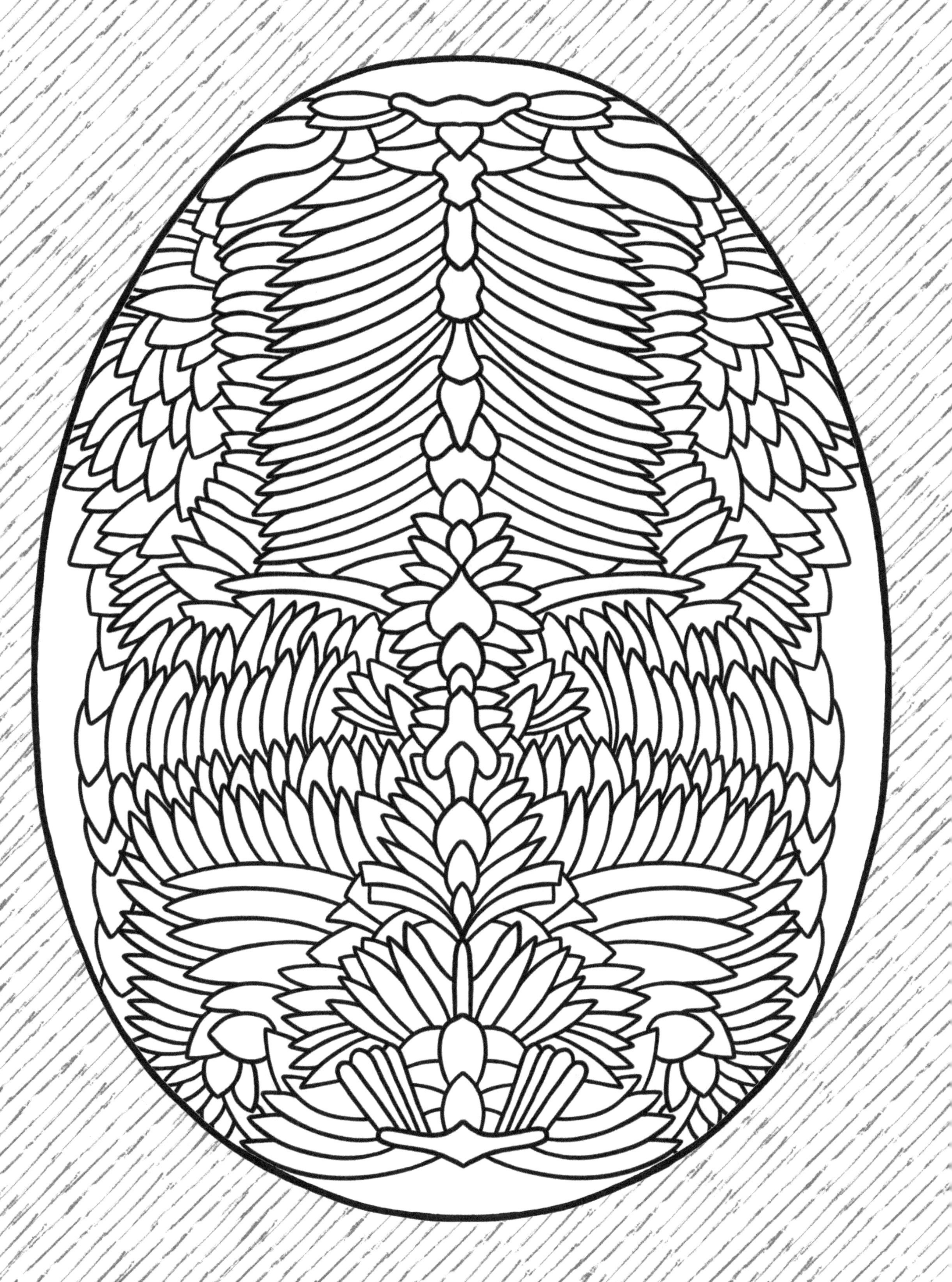

color test - prueba de color
test colore - teste de cor
test de couleur - test koloru
Farbtest – kleurproef
цветовой тест
カラーテスト – 試色法

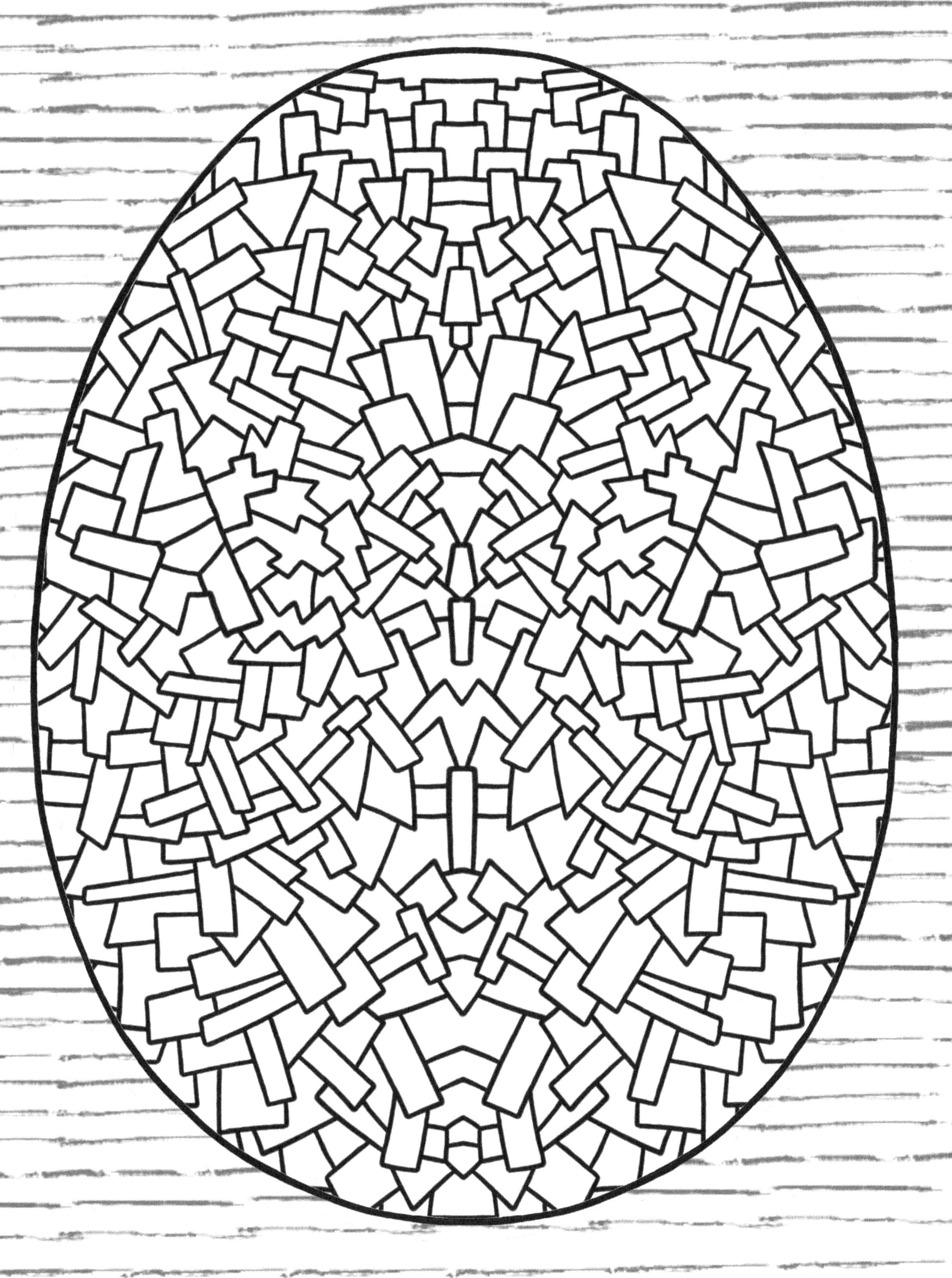

color test - prueba de color
test colore - teste de cor
test de couleur - test koloru
Farbtest – kleurproef
цветовой тест
カラーテスト – 試色法

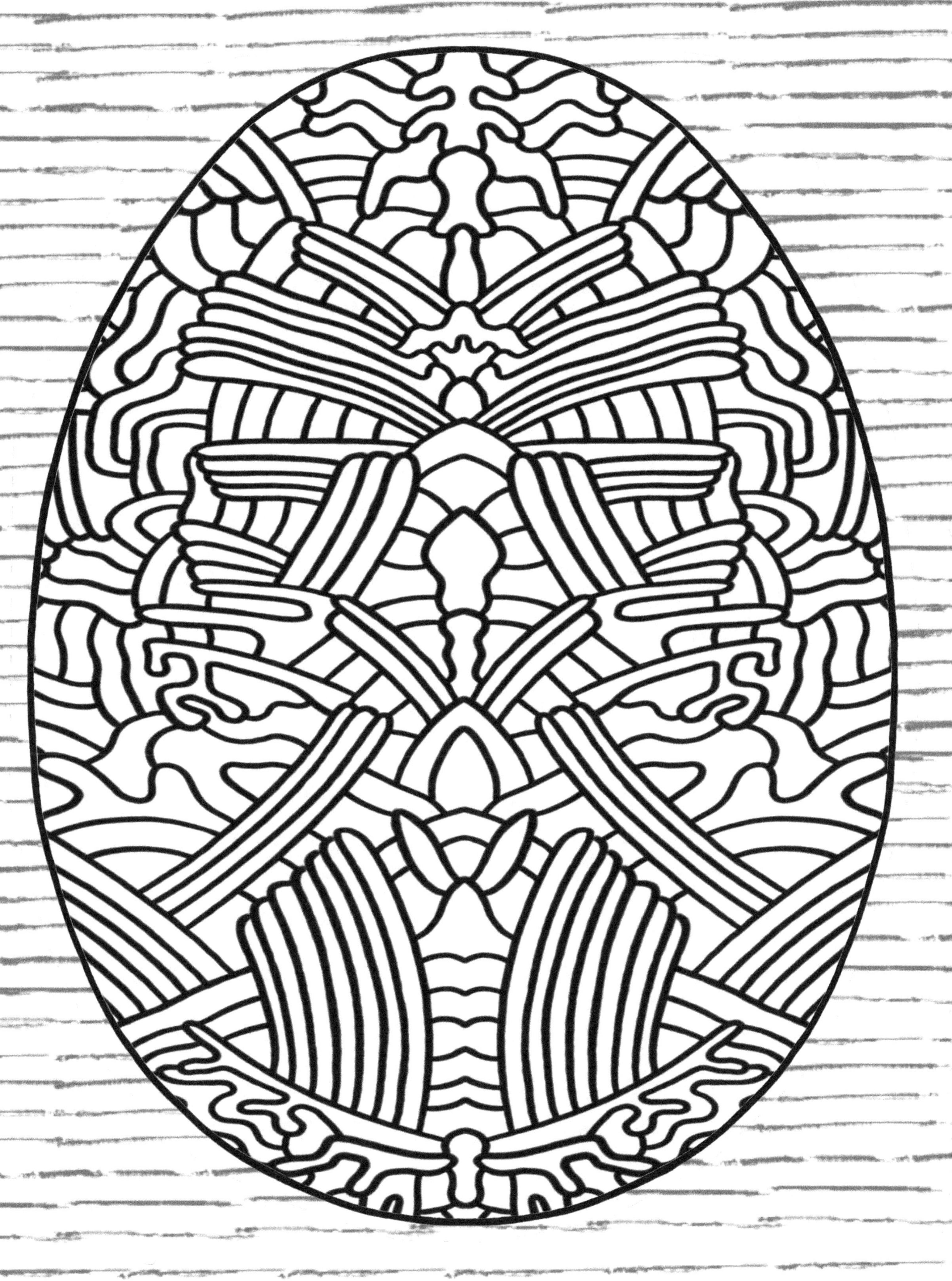

color test - prueba de color
test colore - teste de cor
test de couleur - test koloru
Farbtest – kleurproef
цветовой тест
カラーテスト – 試色法

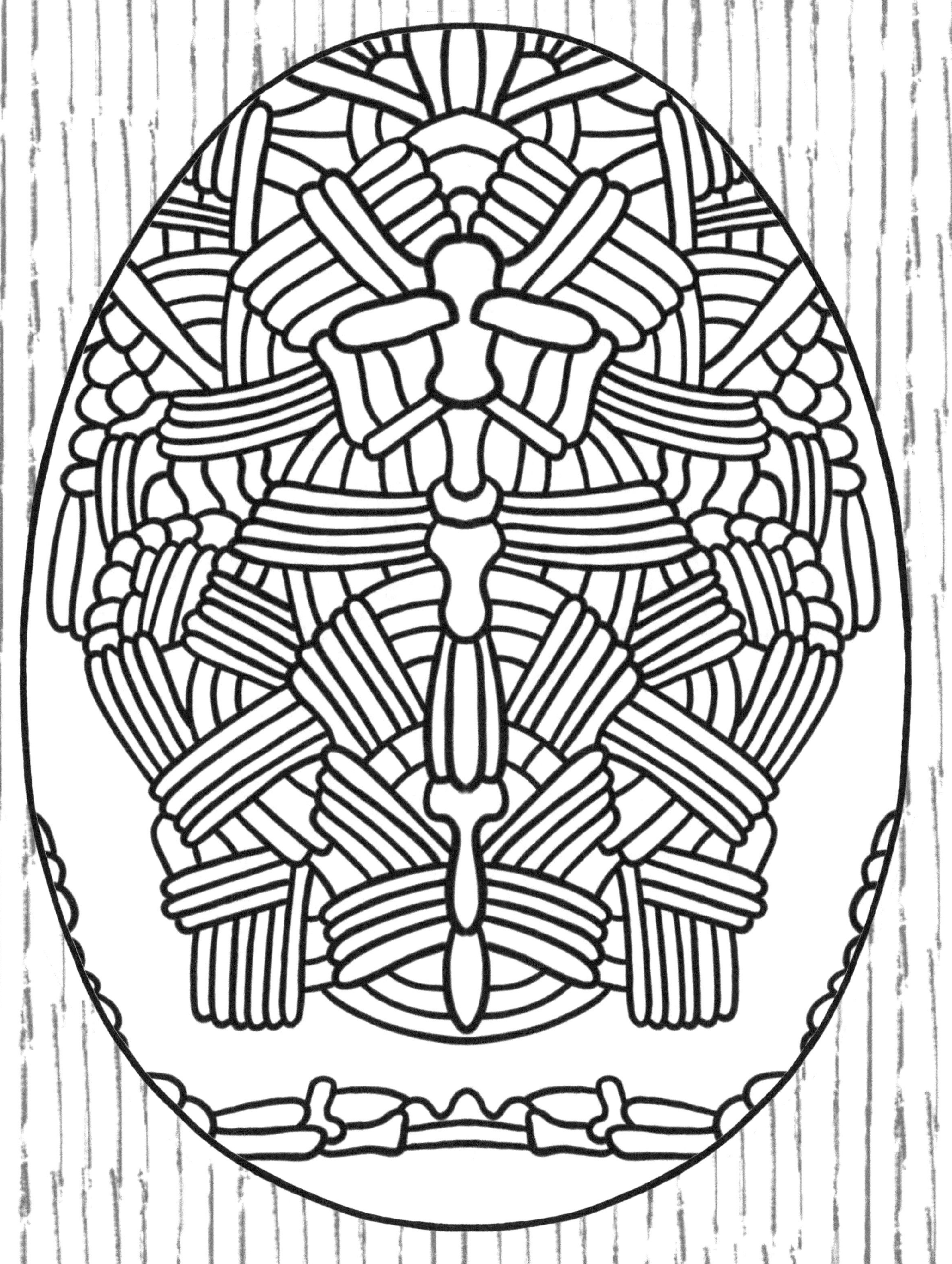

color test - prueba de color
test colore - teste de cor
test de couleur - test koloru
Farbtest – kleurproef
цветовой тест
カラーテスト – 試色法

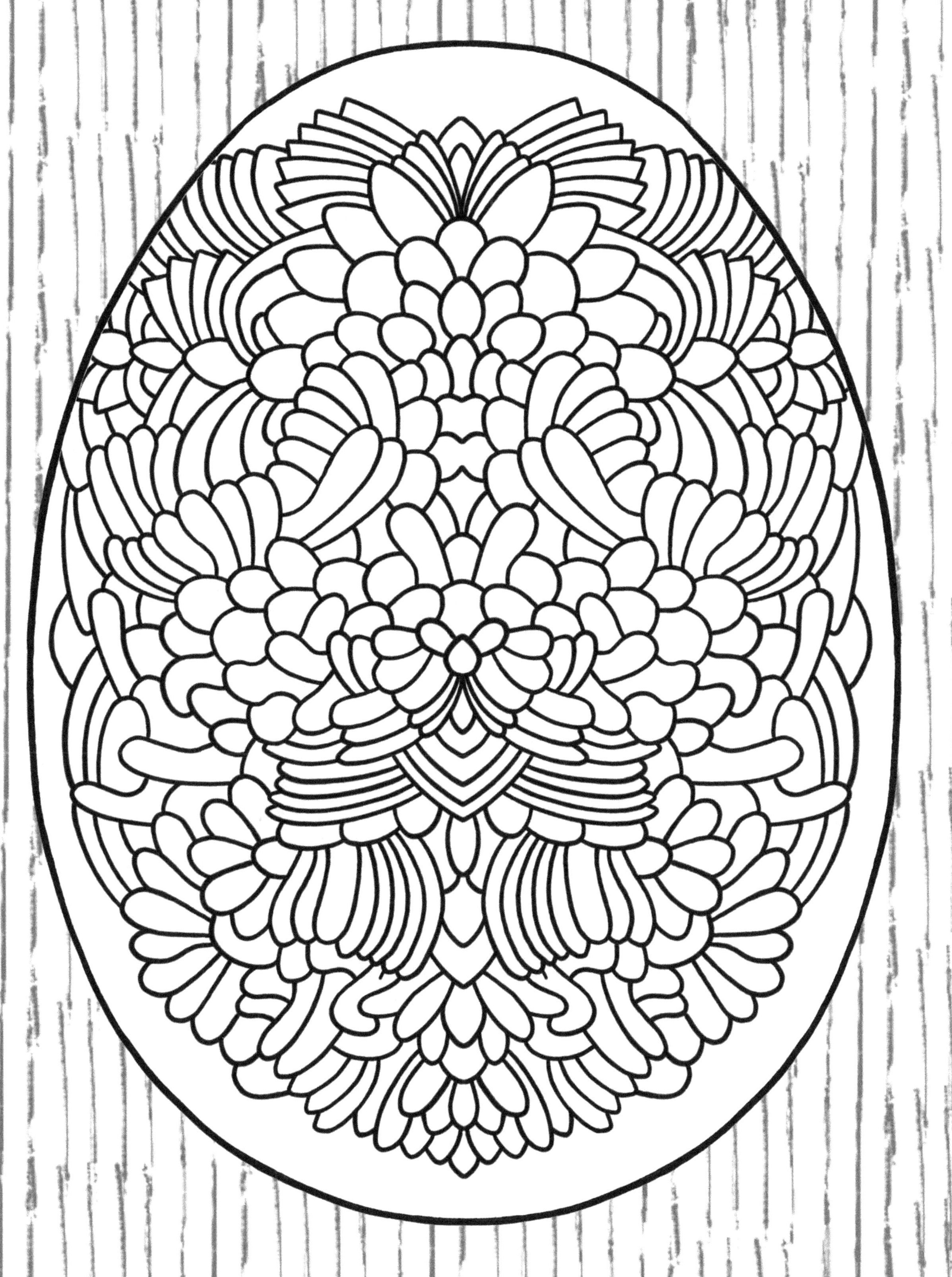

color test - prueba de color
test colore - teste de cor
test de couleur - test koloru
Farbtest – kleurproef
цветовой тест
カラーテスト – 試色法

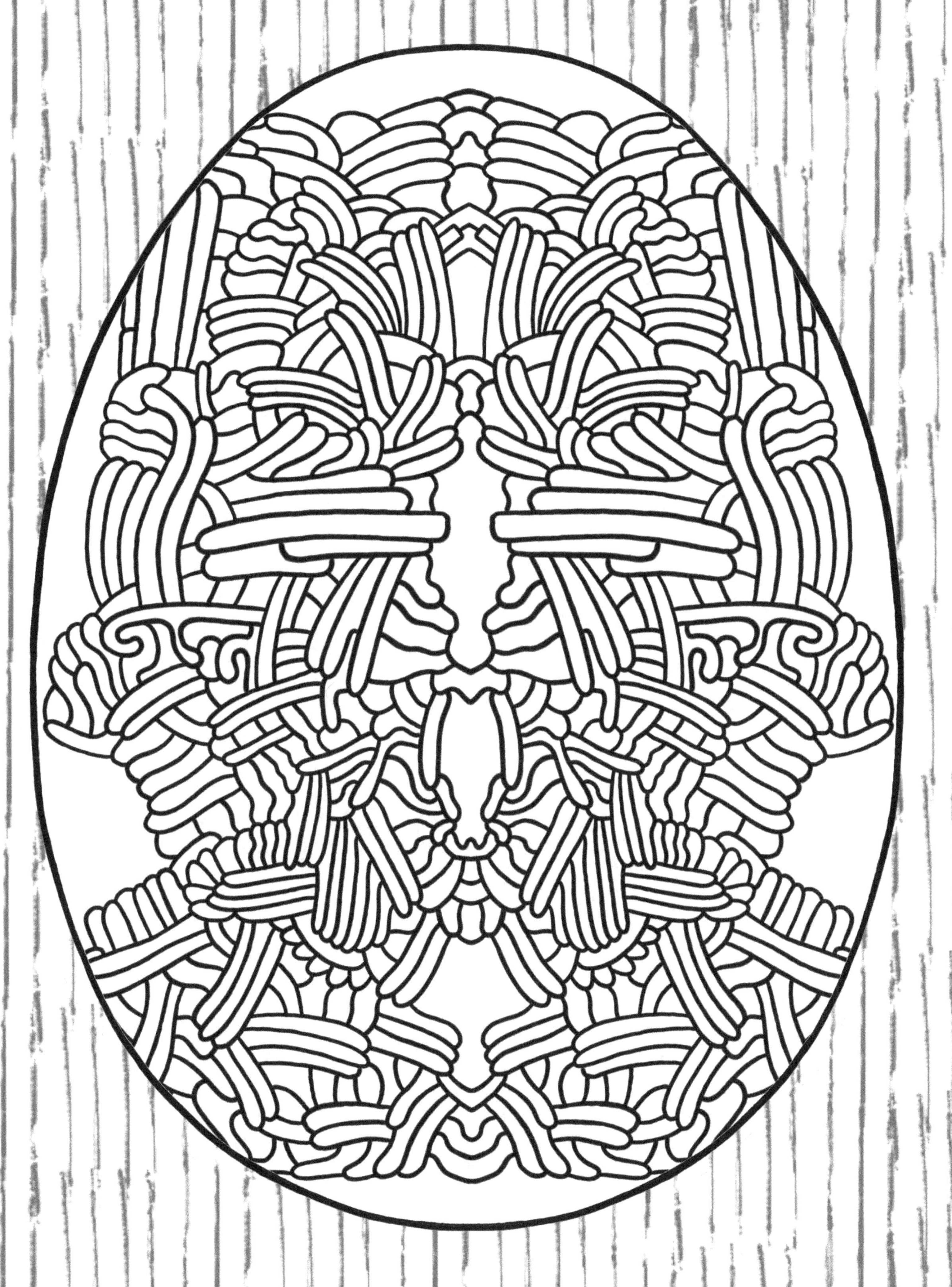

color test - prueba de color
test colore - teste de cor
test de couleur - test koloru
Farbtest – kleurproef
цветовой тест
カラーテスト – 試色法

96

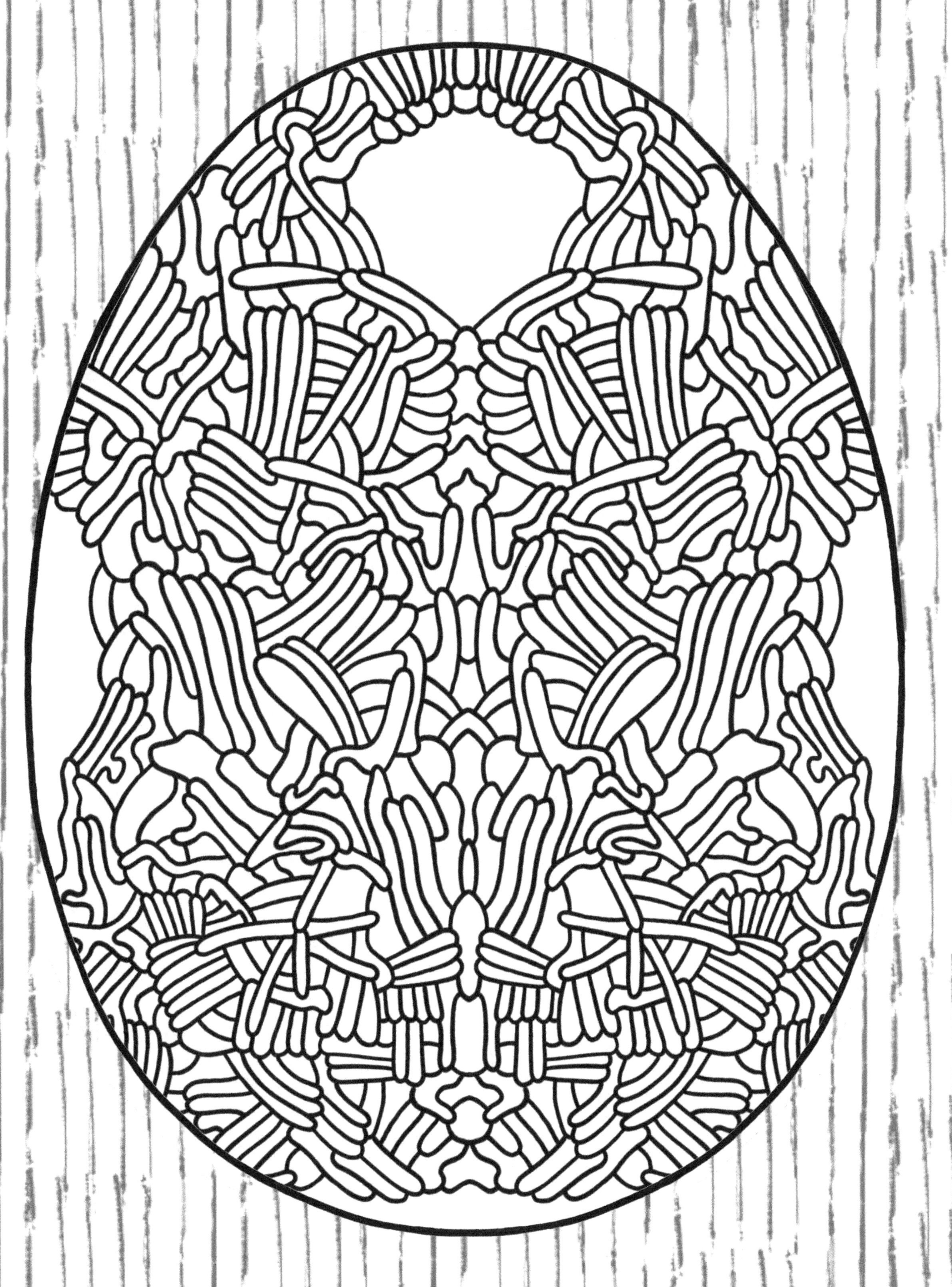

color test - prueba de color
test colore - teste de cor
test de couleur - test koloru
Farbtest – kleurproef
цветовой тест
カラーテスト – 試色法

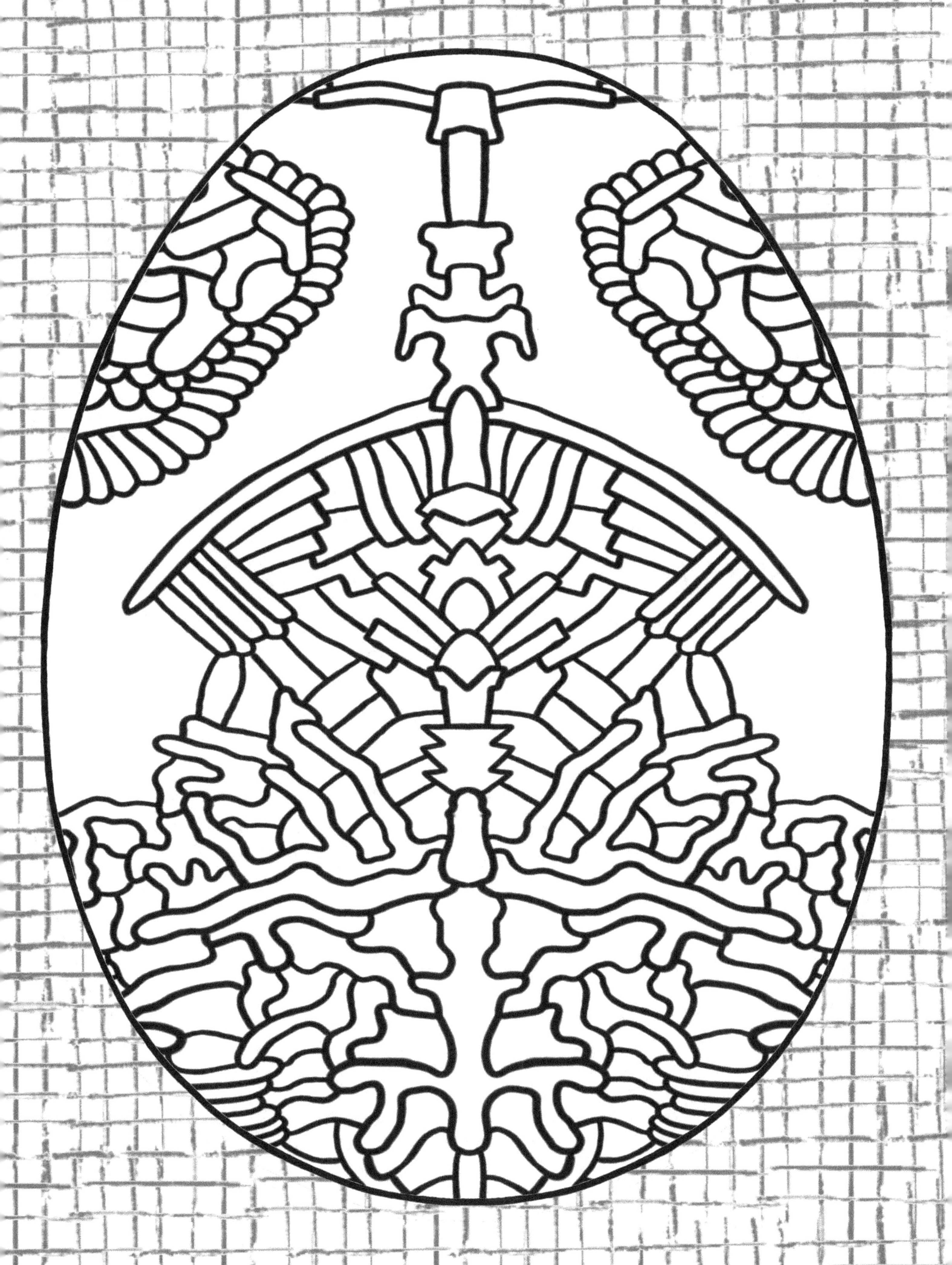

color test - prueba de color
test colore - teste de cor
test de couleur - test koloru
Farbtest – kleurproef
цветовой тест
カラーテスト – 试色法

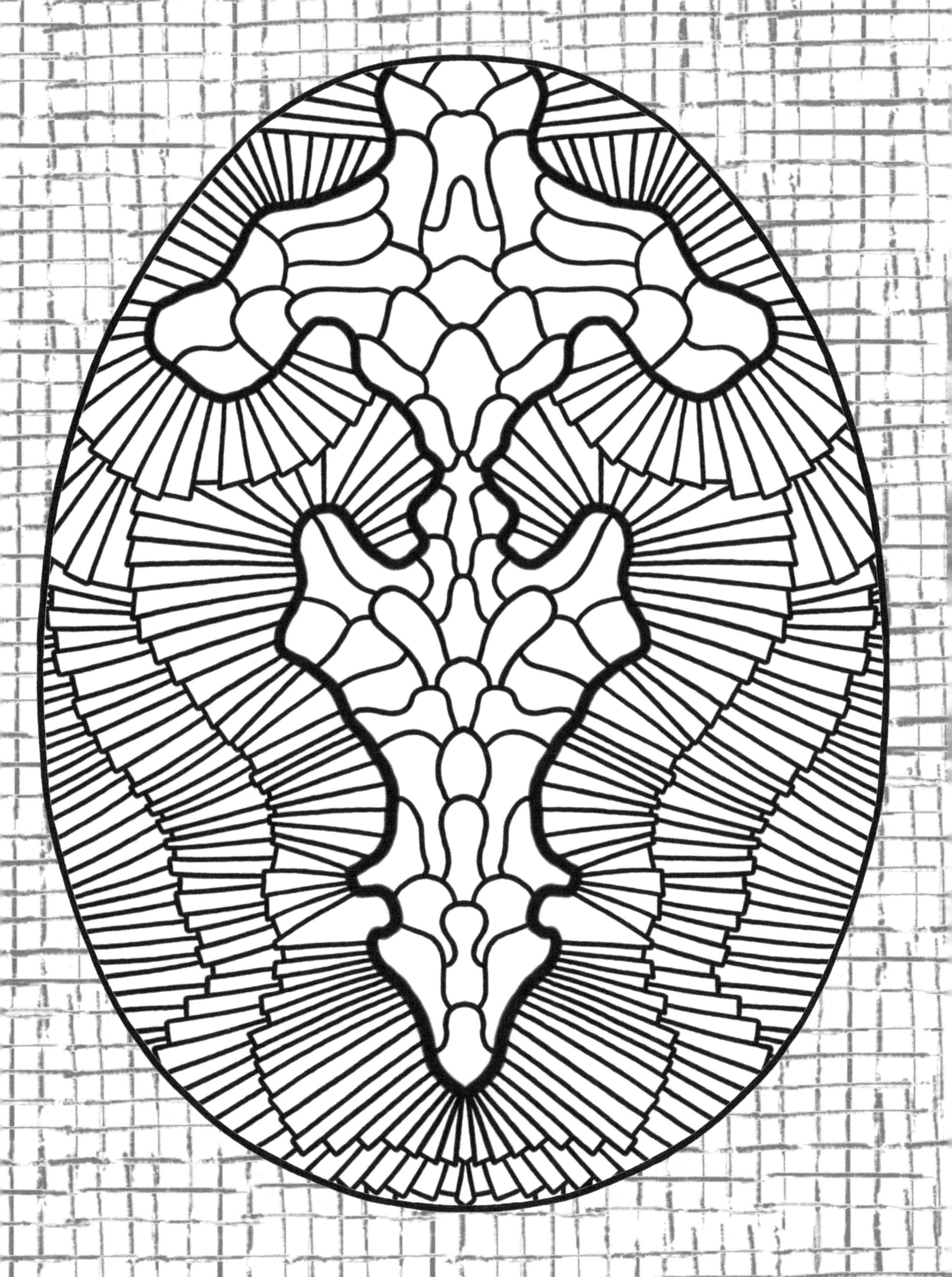